Jonas F. Calder

# OFFLINE IST DAS NEUE STARK

WIE DU DICH
AUS DER DIGITALEN
ABHÄNGIGKEIT BEFREIST–
UND DEIN ECHTES LEBEN
ZURÜCKEROBERST

## Impressum

**Titel:** *OFFLINE IST DAS NEUE STARK – Wie du dich aus der digitalen Abhängigkeit befreist – Und dein echtes Leben zurückeroberst*

**Autorin:** Jonas F. Calder

**Copyright:** © 2025 Jonas F. Calder

**Verlag:** BoD · Books on Demand GmbH, Überseering 33, 22297 Hamburg, bod@bod.de

**Druck:** Libri Plureos GmbH, Friedensallee 273, 22763 Hamburg

**ISBN:** 978-3-7693-5349-5

**Covergestaltung & Buchsatz:** Jonas F. Calder

**Erstveröffentlichung:** Mai 2025

## Haftungsausschluss

Die Inhalte dieses Buches sind keine Therapie – aber manchmal ein guter Anfang.

# Inhalt

# Einleitung

## Warum dieses Buch gerade jetzt gebraucht wird

Du hast es wahrscheinlich auch gespürt: Dieses leise Ziehen in der Brust, wenn du dein Handy minutenlang nicht findest. Das flackernde Gefühl, wenn du durch Instagram scrollst und dich leerer fühlst als zuvor. Diese Mischung aus innerer Unruhe und Müdigkeit – obwohl du „nur eben kurz online" warst.

Wir leben in einer Zeit, in der wir jederzeit verbunden sind – und doch nie wirklich da. Unsere Bildschirme sind Fenster zur Welt geworden, aber zugleich Mauern zwischen uns und dem echten Leben. Wir wischen, liken, konsumieren, vergleichen. Und verlieren uns. Langsam, fast unmerklich. Bis wir nicht mehr wissen, wie sich Stille anfühlt. Wie es ist, allein mit sich zu sein. Oder einfach nur präsent.

*Dieses Buch ist ein Aufschrei. Eine Einladung. Und ein Wegweiser.*
Es ist kein Frontalangriff gegen Technologie – sondern ein Ruf zur Selbstermächtigung. Denn du bist nicht machtlos. Du darfst entscheiden, wie viel Raum das Digitale in deinem Leben einnimmt. Du darfst wieder fühlen, was echt ist. Und du darfst dich aus dieser Abhängigkeit befreien.

„Offline ist das neue Stark" zeigt dir, wie du deine Aufmerksamkeit zurückeroberst.

5

Es deckt auf, was mit deinem Körper, deinem Geist, deinen Beziehungen passiert – und wie du die Kontrolle wieder gewinnst. Du wirst staunen, wie viel Klarheit, Kreativität, Liebe und Kraft in dir schlummert – wenn du endlich wieder bei dir ankommst.

> Mach dich bereit für einen radikalen Perspektivwechsel.
> Es ist Zeit, wieder du selbst zu werden.
> **Offline. Frei. Und stark.**

# Teil 1 – Die digitale Falle

## Kapitel 1: Die unsichtbare Abhängigkeit

Stell dir vor, du wachst morgens auf – und greifst automatisch zum Handy. Kein Gedanke, keine bewusste Entscheidung. Nur ein Reflex. Der Blick aufs Display ist längst dein erster Atemzug geworden.

Fast unmerklich hat sich etwas in dein Leben geschlichen, das du nicht eingeladen hast – aber nun täglich fütterst: **digitale Abhängigkeit**.

Wir denken, wir sind frei. Dabei sind wir längst verstrickt. In Newsfeeds, Nachrichten, Likes und Push-Benachrichtigungen.
In kurzen Belohnungskicks, die unser Dopaminsystem so geschickt austricksen, dass wir sie immer wieder suchen – obwohl wir wissen, wie leer wir uns danach fühlen.

Die digitale Abhängigkeit ist anders als andere Süchte: Sie ist gesellschaftlich akzeptiert, sogar belohnt.
Niemand wird schief angeschaut, weil er täglich drei Stunden am Handy hängt. Im Gegenteil: Wer nicht erreichbar ist, gilt als unzuverlässig. Wer nicht ständig online ist, wird schnell vergessen.

**Doch was passiert dabei mit dir?**

- Deine Konzentration wird zersplittert in tausend Fragmente.

- Deine innere Ruhe weicht einem konstanten Grundrauschen.

7

- Dein Selbstwert wird von außen bestimmt – von Klicks, Reaktionen, Sichtbarkeit.

Und das Perfide daran: Du bemerkst es nicht.
Denn digitale Abhängigkeit kommt nicht laut und zerstörerisch. Sie kommt leise, bequem, in kleinen Dosen. Sie macht dein Leben oberflächlich „voll" – während du innerlich leer wirst.

Dieses Kapitel soll kein moralischer Zeigefinger sein. Es ist ein Spiegel.
Ein erster ehrlicher Blick auf ein System, das uns nutzt, obwohl wir glauben, wir nutzen es.

Denn der Weg zurück beginnt mit einem einzigen Gedanken:
**„Ich will wieder selbst entscheiden."**

## Kapitel 2: Wie Smartphones unser Denken verändern

Es beginnt schleichend – so schleichend, dass du es kaum bemerkst.
Ein kurzer Blick aufs Handy während des Gesprächs. Ein Scroll durch Social Media, obwohl du nur die Uhrzeit wissen wolltest. Ein Impuls, dem du nachgibst, bevor du ihn überhaupt bewusst registriert hast.

Was wie beiläufiges Verhalten aussieht, ist in Wahrheit ein massiver Umbau deines Gehirns. Ja – Umbau. Nicht metaphorisch, sondern biologisch. Smartphones sind nicht nur Werkzeuge. Sie sind Architekten unserer Aufmerksamkeit geworden.

**Unsere neuronalen Autobahnen verändern sich.**

Die Fähigkeit zu fokussieren? Wird durch Multitasking ersetzt.
Geduld? Wird durch Sofortbelohnung ersetzt.
Tiefe? Wird durch Dauerbeschallung ersetzt.

Du denkst, du wählst frei, was du konsumierst?
Die Wahrheit ist: Algorithmen wählen für dich.
Sie analysieren, was dich triggert, was dich festhält, was dich länger scrollen lässt – und liefern dir genau das. Immer wieder. Immer gezielter.

**Und dein Gehirn passt sich an.**
Es verlernt, was es nicht mehr braucht: Lange Konzentration. Freies Denken. Unstrukturierte Langeweile, aus der echte Kreativität entsteht.

Doch das größte Problem ist nicht das Denken selbst –
sondern das, was ausbleibt:

- **Du reflektierst weniger.**

- **Du verlernst, dich zu langweilen – obwohl genau
dort dein Potenzial liegt.**

- **Du reagierst schneller, emotionaler – weil dein
System im Dauer-Alarmzustand ist.**

Das ist kein Untergangsszenario. Es ist ein Weckruf.
Denn wenn du verstehst, **wie** dein Denken manipuliert wird,
kannst du beginnen, **es zurückzuerobern**.

Ich habe das selbst erlebt. Als jemand, der jahrelang in der
digitalen Welt gearbeitet hat – mit, für und durch KI – war
mein Leben online durchoptimiert. Und ich war dabei, mich
selbst zu verlieren. Die radikale Kehrtwende kam erst, als ich
verstand: Nur weil wir etwas ständig nutzen, heißt das nicht,
dass es gut für uns ist.

Heute steuere ich meine Zeit online wie ein Pilot im Cockpit.
Mit System. Mit Bewusstsein. Mit innerer Ruhe.

Und das kannst du auch.
**Denn der erste Schritt zur Freiheit ist Erkenntnis.**

# Kapitel 3: Der Preis der ständigen Erreichbarkeit

Stell dir vor, du bist nie allein.
Nie wirklich. Nie vollständig.
Immer begleitet von einem digitalen Echo, das in deiner Tasche vibriert, leuchtet, klingelt oder flüstert: *„Du wirst gebraucht.“*
Ein kurzer Ton, eine aufblinkende Zahl, ein Name auf dem Display – und dein Nervensystem reagiert schneller, als dein Verstand begreifen kann.

Die ständige Erreichbarkeit ist zur neuen Normalität geworden.
Was früher als Ausnahme galt – erreichbar sein rund um die Uhr – ist heute der unausgesprochene Standard. Es beginnt morgens, bevor du richtig wach bist. Und es endet nicht einmal, wenn du dich abends müde ins Bett legst – denn dein Gehirn bleibt im Standby-Modus, bereit für den nächsten Ping, den nächsten Reiz, die nächste Mikroverpflichtung.

## Was kostet das?

Mehr, als wir glauben.
Mehr, als wir jemals berechnet haben.

Es kostet dich deine **mentale Unversehrtheit**.
Denn unser Gehirn – biologisch entwickelt für lineares Denken, tiefe Fokussierung und rhythmische Pausen – ist mit der Dauerüberforderung des „Immer online"-Zustands nicht kompatibel. Du bist nicht dafür gemacht, zehn Konversationen gleichzeitig zu führen, während du E-Mails

sortierst, einen Call vorbereitest und deine Gedanken halb in der Gegenwart, halb in Push-Benachrichtigungen verlierst.

Es kostet dich deine **emotionalen Reserven**.
Denn Erreichbarkeit bedeutet Verantwortung. Reagieren müssen. Antworten geben. Sofort. Schnell. Ohne Pause.
Jede Nachricht zieht Aufmerksamkeit – und mit ihr ein Stück deiner Energie. Selbst wenn du nicht antwortest, arbeitet dein Gehirn im Hintergrund. Es erinnert dich, drängt dich, verunsichert dich. Du bist immer irgendwie *unter Strom* – auch wenn du gerade nichts aktiv tust.

Es kostet dich deine **Beziehungen**.
Weil echte Nähe Zeit braucht. Ungestörte Zeit.
Doch wenn jeder Moment von der Möglichkeit digitaler Unterbrechung durchzogen ist, bleibt keine Tiefe. Kein echtes Zuhören. Kein unverfälschtes Miteinander.
Studien zeigen: Schon das bloße Vorhandensein eines Smartphones auf dem Tisch verringert die emotionale Verbundenheit zwischen Gesprächspartnern – selbst wenn es nicht genutzt wird.
Der Grund: Dein Gehirn weiß, dass jederzeit etwas „Wichtigeres" passieren könnte. Und das zerstört die Präsenz.

Es kostet dich deine **Kreativität**.
Denn kreative Gedanken entstehen im Leerlauf, im Müßiggang, im unbewussten Nachdenken – nicht im pausenlosen Reagieren.
Die besten Ideen kommen nicht, wenn du antwortest. Sie kommen, wenn du still wirst. Und das passiert nie, solange du „bereitstehen" musst.

Und es kostet dich, vielleicht am wichtigsten, deine
**Selbstbestimmung.**
Denn wenn du ständig für andere verfügbar bist, bleibt keine
Zeit, dich selbst zu hören. Wer du bist. Was du willst. Was du
brauchst.
Du wirst zum Reagierer – nicht zum Gestalter.

Die Wahrheit ist unbequem:
**Erreichbarkeit ist kein Zeichen von Stärke, sondern oft
von innerer Unruhe, Unsicherheit und Abhängigkeit.**
Denn viele von uns antworten sofort, nicht weil sie frei sind,
sondern weil sie Angst haben, etwas zu verpassen. Oder
jemanden zu enttäuschen. Oder überflüssig zu wirken.

Ich weiß das, weil ich es selbst gelebt habe.
Ich war rund um die Uhr erreichbar. Für Kund*innen. Für
Teams. Für Projekte. Für Menschen, die immer etwas wollten
– und selten gefragt haben, wie es mir ging.
Bis ich eines Tages für drei Stunden mein Handy im Auto
vergaß. Und spürte, wie mein Körper ganz still wurde. Wie
mein Herz plötzlich in seinem eigenen Rhythmus schlug –
nicht mehr synchron mit fremden Erwartungen.

Heute habe ich eine eiserne Regel: **Ich bestimme, wann ich
erreichbar bin. Nicht mein Handy. Nicht andere. Nicht
Systeme. Ich.**
Und du kannst das auch. Es beginnt mit kleinen Schritten –
und einem radikalen Gedanken:
**Deine Zeit gehört dir. Punkt.**

# Kapitel 4: Zwischen Dopamin und Dauerstress

Du nimmst dein Handy in die Hand, entsperrst es, und sofort passiert etwas in deinem Gehirn – ohne dass du es bemerkst, ohne dass du es willst, ohne dass du es steuerst.

Ein kleiner chemischer Tropfen fällt in dein System: **Dopamin.**
Nicht weil du etwas gelesen hast. Nicht weil du etwas erlebt hast. Sondern weil du *etwas erwarten könntest.*
Eine Nachricht. Einen Like. Eine Erwähnung. Eine kleine, digitale Belohnung.

Dieses Muster ist kein Zufall. Es ist Design.
Denn Dopamin ist das körpereigene **Motivationshormon.**
Es wird nicht ausgeschüttet, wenn du etwas bekommst – sondern wenn dein Gehirn glaubt, dass etwas *kommen könnte.* Es belohnt nicht die Erfüllung, sondern die Erwartung. Und genau das macht es so mächtig – und so gefährlich in der digitalen Welt.

Apps, Plattformen, Spiele – sie alle sind so programmiert, dass sie dein Belohnungssystem genau dort ansprechen, wo es am stärksten reagiert.
Nicht auf Inhalt, sondern auf *Intervall.*
Nicht auf Tiefe, sondern auf *Frequenz.*
Nicht auf Verbindung, sondern auf *Abhängigkeit.*

**Das Ergebnis: Du wirst süchtig.**
Nicht im klassischen Sinne – du brichst nicht in Entzugserscheinungen aus, wenn du das Handy weglegst. Aber du wirst nervös. Unruhig.

Du checkst es „nur kurz". Du scrollst „noch einmal".
Du nennst es „Pause" – aber es ist längst dein Gefängnis.

Und während dein Dopaminsystem permanent getriggert
wird, gerät dein Körper in einen Zustand, den er biologisch
nur für Ausnahmesituationen vorgesehen hat: **Stress.**
Denn jeder Reiz – jede Nachricht, jede Info, jeder
Reaktionsimpuls – bedeutet: dein System muss reagieren.
Sofort. Immer wieder.

Du bist im Dauerfeuer.
Und was das mit deinem Nervensystem macht, ist
erschreckend:

- Du schüttest chronisch Cortisol aus – das
  Stresshormon, das dich reizbar, müde, unruhig und
  anfällig für Krankheiten macht.

- Dein Schlaf leidet, weil dein Gehirn abends nicht
  mehr zwischen digitalem Reiz und echtem Leben
  unterscheiden kann.

- Deine Aufmerksamkeitsspanne verkürzt sich – nicht,
  weil du „faul" bist, sondern weil dein Gehirn lernt,
  alles in kurzen Reizphasen zu verarbeiten.

- Deine Toleranz für Langeweile sinkt dramatisch – und
  damit auch deine Fähigkeit zur Selbstregulation.

Und das Schlimmste daran?
**Es passiert langsam. Lautlos. Und kollektiv.**

Wir leben in einer Welt, in der Nervensysteme auf
Hochspannung laufen – doch kaum jemand spricht darüber.
Stattdessen nennen wir es „normal", „multitaskingfähig"

oder „produktiv".

Aber wie produktiv sind wir wirklich, wenn wir fünf Dinge gleichzeitig tun und keines davon richtig?

Wie präsent sind wir, wenn unser Kopf in 38 Benachrichtigungen hängt, während unser Kind uns fragt, ob wir zuhören?

Die Wahrheit ist brutal:
Unser Gehirn ist überfordert – und wir merken es nicht, weil wir es nie mehr anders erleben.

Doch ich verspreche dir: Es geht anders.

Ich habe es selbst erlebt.

Ich habe erlebt, wie es ist, wenn Dopamin wieder aus echten Momenten kommt – aus Gesprächen, aus Stille, aus Kreativität.

Und ich habe erlebt, wie mein Körper wieder zur Ruhe kam, als ich mich traute, mich dem Reiz zu entziehen.

Offline ist nicht nur „weniger".
Offline ist **Heilung.**

Wenn du beginnst, dich ernsthaft mit der Biochemie deiner digitalen Gewohnheiten auseinanderzusetzen, öffnet sich ein völlig neues Verständnis davon, warum du tust, was du tust – und warum es dir so schwerfällt, damit aufzuhören.

**Das Prinzip der „intermittierenden Verstärkung"** – also der unvorhersehbaren Belohnung – ist das mächtigste psychologische Manipulationstool der Tech-Industrie.

Du bekommst nicht bei jedem Check eine Nachricht.

Nicht bei jedem Scroll eine neue Story.

Nicht bei jedem Klick eine Belohnung.
Aber *manchmal* – und genau das reicht.

Denn dein Gehirn liebt Muster. Aber es liebt **unregelmäßige Muster** noch mehr.
Warum? Weil sie spannend sind. Weil sie Aufmerksamkeit fordern.
Und weil sie – du ahnst es – **mehr Dopamin ausschütten**.

Was früher nur bei Spielautomaten genutzt wurde, passiert heute in deinem Feed.
Und du bist der Spieler – meist, ohne es zu merken.

**Doch hier kommt der entscheidende Punkt:**

Das Problem ist nicht nur das viele Dopamin.
Das eigentliche Problem ist, dass deine natürlichen Belohnungssysteme verkümmern.
Was dir früher Freude gemacht hat – ein Spaziergang, ein Gespräch, Musik, ein gutes Buch – wirkt plötzlich fade, träge, reizlos.
Nicht, weil es das wirklich ist.
Sondern weil dein Gehirn auf **High-Speed-Kicks** konditioniert wurde.
Und alles andere scheint zu langsam.

**Das nennt man: Dopamin-Desensibilisierung.**

Je öfter du dein Belohnungssystem digital überstimuliert hast, desto höher wird die Schwelle, ab der du echte Freude empfindest.
Du brauchst mehr Reiz, mehr Geschwindigkeit, mehr Input – und bekommst immer weniger Befriedigung.

**Die Folge: Ein erschöpftes Nervensystem in einem überreizten Körper.**

Du funktionierst – aber du fühlst nicht mehr.
Du reagierst – aber du bist nicht mehr in dir verankert.
Du rennst – aber du weißt nicht, wohin.

Ich habe Menschen gesehen, die in Meetings waren und unbewusst ihr Handy aus der Tasche holten – ohne es zu entsperren, einfach nur, um es in der Hand zu halten.
Ich habe mich selbst dabei ertappt, wie ich in Wartezeiten mein Handy checkte, ohne zu wissen, wonach ich eigentlich suchte.
Ich habe gespürt, wie mein Nervensystem sich beruhigte, als ich begann, das alles radikal zu hinterfragen.

Und hier ist die gute Nachricht:

**Dein Gehirn kann sich erholen.**
Dein Dopaminsystem kann sich neu ausrichten.
Dein Stresslevel kann sinken – wenn du es ihm erlaubst.

Es braucht nicht einmal Monate.
Schon nach 7 Tagen echter digitaler Entgiftung kannst du spüren, wie du klarer denkst. Wie du ruhiger wirst. Wie du anfängst, dich wieder zu spüren.
Nicht als Idee. Nicht als Wunsch. Sondern ganz real, körperlich, spürbar.

Denn du bist kein Algorithmus.
Du bist ein Mensch.
Und dein Nervensystem sehnt sich nach Sicherheit, nach Ruhe, nach echten Momenten.

Die digitale Welt hat uns ein schnelles Leben versprochen.
Aber wir zahlen mit dem Verlust unserer Tiefe.

Und genau deshalb sage ich dir heute:
**Offline ist kein Rückschritt. Offline ist ein Upgrade.**
Für deinen Geist. Für dein Herz. Für dein ganzes Leben.

## Kapitel 5: Warum wir „online" nicht mehr abschalten können

Es klingt paradox, aber es ist wahr:
Obwohl wir jeden Tag stundenlang auf unsere Geräte starren, obwohl wir regelmäßig flüstern *„Ich brauche mal eine Pause"*, obwohl wir uns erschöpft, überladen, gereizt und innerlich zerrissen fühlen – **können wir nicht aufhören.**
Wir wissen, dass es uns nicht guttut. Und tun es trotzdem. Warum?

Weil es längst **nicht mehr nur um Inhalte geht.**
Es geht um **Zugehörigkeit, Identität, Kontrolle, Selbstwert.**
Die digitale Welt hat sich nicht nur in unseren Alltag eingeschlichen – sie hat sich in unsere **Psyche eingepflanzt.**

Früher bedeutete „abschalten": Feierabend machen. Das Licht ausknipsen. Das Handy weglegen. Den Moment genießen.
Heute bedeutet „abschalten" für viele: Netflix starten. Instagram öffnen. TikTok durchscrollen.
Abschalten ist zum **Aktivieren eines anderen Stroms** geworden – ein Wechsel vom äußeren Stress zum inneren Reiz.

---

Doch genau das ist das Problem:
Wir schalten nicht wirklich ab. Wir wechseln nur die Art der Überforderung.

---

Unser Nervensystem bleibt aktiviert.
Unsere Augen bleiben im Modus „Lichtaufnahme".
Unsere Gedanken bleiben fremdgesteuert.

Und warum? Weil wir Angst haben vor dem, was kommt,
**wenn wir wirklich offline sind.**

Offline zu sein bedeutet: mit uns selbst konfrontiert zu sein.
Mit Gedanken, die wir verdrängt haben.
Mit Langeweile, die uns unangenehm ist.
Mit Stille, die wir nicht mehr gewohnt sind.
Mit dem leisen Gefühl, dass wir vielleicht nicht ganz da sind,
wo wir sein wollen.

**Online ist eine Flucht.**
Eine brillante, perfekt designte Flucht.
Schnell. Bunt. Kontrollierbar.
Wir können bestimmen, was wir sehen.
Wir können wegklicken, was uns nicht gefällt.
Wir können uns selbst inszenieren, filtern, darstellen – so,
wie wir es gern hätten.

Aber im echten Leben?
Da gibt es keine Filter.
Da gibt es keine „Zurück"-Taste.
Da gibt es Begegnung, Verletzlichkeit, Fehler,
Unvollkommenheit – und genau darin liegt unsere Echtheit.
Unsere Kraft. Unser Menschsein.

**Wir sind süchtig nach Kontrolle.**
Und online haben wir die Illusion davon.
Aber je mehr Kontrolle wir dort gewinnen, desto mehr
verlieren wir sie in der Realität:
Wir verlieren die Kontrolle über unsere Zeit.
Unsere Emotionen.
Unsere Beziehungen.
Unsere Lebensrichtung.

Und wir merken es nicht.
Denn es ist bequem.
Denn „alle machen es so".
Denn es ist Alltag.

Aber was wäre, wenn du dich traust, anders zu sein?

Was wäre, wenn du der oder die bist, die wieder ohne Handy spazieren geht?
Die wieder einen Film schaut, ohne nebenbei zu scrollen?
Die beim Essen nicht das Bedürfnis hat, zu dokumentieren, sondern einfach nur zu schmecken?

Was wäre, wenn du spürst:
**Ich bin auch ohne Sichtbarkeit wertvoll.**
**Ich bin auch ohne Dauerreaktion lebendig.**
**Ich bin auch offline ein vollständiger Mensch.**

Als ich selbst diesen Punkt erreichte, war das wie das Öffnen einer Tür zu einem Raum, den ich vergessen hatte:
Raum für echte Gedanken.
Raum für innere Ruhe.
Raum für Präsenz.

Und genau deshalb ist es so wichtig, dass du dir selbst wieder Zugang verschaffst – zu diesem Raum.
Denn die digitale Welt hat ihren Platz.
Aber sie darf **nicht dein Zuhause** sein.

Die meisten Menschen glauben, sie nutzen ihre Geräte „einfach so".
Sie sagen: *„Ich wollte mich nur kurz entspannen."*
Oder: *„Ich hatte gerade nichts zu tun."*
Oder: *„Ich wollte mich informieren, inspirieren, amüsieren."*

Doch wenn du tiefer gräbst – wirklich tiefer – dann erkennst du:
Unser Online-Verhalten ist oft ein emotionales Schutzsystem.

Wir greifen zum Handy, wenn wir uns einsam fühlen.
Wenn wir uns gestresst fühlen.
Wenn wir uns ungeliebt fühlen.
Wenn wir Angst haben, etwas zu verpassen – oder schlimmer noch: *übersehen zu werden.*

Das Handy wird zur digitalen Beruhigung.
Wie ein Schnuller für Erwachsene.
Ein Knopf, der sagt: „Ich bin noch verbunden. Ich gehöre noch dazu. Ich bin noch wer."

Und genau hier wird es gefährlich.
Denn jedes Mal, wenn du inneres Unbehagen mit äußerem Reiz betäubst, trainierst du dein System falsch.
Du gibst deinem Gehirn das Signal:
*„Ich muss mich nicht regulieren – ich kann fliehen."*

Was du dabei verlierst?
**Die Fähigkeit zur echten Selbstregulation.**
Zur inneren Ruhe.
Zur emotionalen Tiefe.
Zur Resilienz.

Wenn du immer nur auf Flucht setzt, wirst du niemals lernen, dazubleiben.
Dazubleiben in unbequemen Momenten.
Dazubleiben in der Stille.
Dazubleiben in der Konfrontation mit dir selbst.
Aber genau dort – in diesem Dazubleiben – liegt deine Kraft.
Deine Klarheit. Deine Selbstbestimmung.

Wir haben das Online-Sein zum Pflaster gemacht.
Aber ein Pflaster heilt keine Wunde.
Es verdeckt sie nur.
Und je länger du sie verdeckst, desto tiefer brennt sie sich in dein System ein.

Die Lösung ist unbequem – aber simpel:
**Du musst lernen, wieder offline zu sein. Und das auszuhalten.**

Nicht nur technisch – sondern emotional.
Nicht nur fünf Minuten am Tag – sondern bewusst.
Nicht als „Verzicht", sondern als *Rückgewinnung*.

Ich weiß: Die ersten Tage sind schwer.
Du wirst nervös. Du wirst unruhig. Du wirst denken, du verpasst etwas.
Aber was du wirklich verpasst, solange du online bleibst, ist **dich selbst**.
Dein Innenleben. Deine Wahrnehmung. Deinen echten Rhythmus.

Ich habe es selbst erlebt.
Ich habe Tage gehabt, an denen ich dachte: *„Ich kann ohne Bildschirm nicht abschalten."*
Aber dann kam die Stille. Und mit ihr – das Eigentliche.
Der Kern. Der Fokus. Die Freude an kleinen Dingen.
Der Moment, in dem du eine Tasse Kaffee trinkst und nicht an zehn andere Dinge denkst.
Der Moment, in dem du mit einem Menschen sprichst und ihn wirklich *siehst*.
Der Moment, in dem du nicht dokumentierst, sondern einfach nur **bist**.

Und genau das ist der Anfang.
Der Anfang einer Rückkehr.
Nicht in eine „bessere Zeit" – sondern in **dein besseres Ich**.
Ein Ich, das nicht getrieben ist.
Ein Ich, das nicht ständig verfügbar ist.
Ein Ich, das entscheidet, wann es empfängt – und wann es abschaltet.

Denn abschalten ist kein Luxus.
Abschalten ist Überleben.
Abschalten ist Revolution.

Und weißt du was?
Du darfst dich abmelden, ohne dich zu verlieren.
Denn was du dadurch gewinnst, ist alles.

# Teil 2 – Die Symptome erkennen

## Kapitel 6: Digitale Erschöpfung – Was sie wirklich mit uns macht

Es ist ein Gefühl, das sich nicht ankündigt.
Es kommt nicht laut. Es kommt nicht schlagartig.
Es ist ein Kriechen. Ein leises Abziehen deiner Energie.
Ein inneres Ausfransen, das du erst bemerkst, wenn du längst mitten in ihm steckst.
**Digitale** Erschöpfung ist kein Burnout im klassischen Sinne – sie ist subtiler, gemeiner, tiefer verankert. Und genau deshalb wird sie so oft übersehen.

Stell dir vor, dein Akku ist morgens bei 100 %. Du wachst auf, und noch bevor du dein erstes Glas Wasser trinkst, hast du bereits 15 % verbraucht – durch Mails, Nachrichten, News, Push-Nachrichten. Nicht, weil sie dringend sind, sondern weil dein System darauf trainiert wurde, sofort zu reagieren. Und du reagierst.
Sofort.
Automatisch.
Weil es dein Autopilot verlangt.

Doch was passiert dabei wirklich?

- Dein Nervensystem springt an, ohne dass es muss.

- Deine innere Energie wird durch Mini-Reize zerstreut, bevor du dich überhaupt gesammelt hast.

- Deine Aufmerksamkeit springt wie ein Stein über Wasser – überall kurz, nirgends tief.

- Und dein Körper? Der geht in einen **leichten Stresszustand**, der sich summiert – Stunde für Stunde, Tag für Tag.

Die Symptome dieser digitalen Erschöpfung sind vielfältig – und tückisch, weil sie so „normal" erscheinen:

- Mentale Müdigkeit, obwohl du gar nichts „Anstrengendes" getan hast

- Konzentrationsprobleme, selbst bei banalen Aufgaben

- Innere Rastlosigkeit, selbst an freien Tagen

- Reizbarkeit, ohne erkennbaren Auslöser

- Motivationsverlust, obwohl du „alles hättest"

- Schlafstörungen, obwohl du körperlich müde bist

- Selbstzweifel, genährt von permanentem digitalen Vergleich

Und das Schlimmste: Du gibst dir selbst die Schuld.
Du denkst: *Ich bin zu schwach. Ich bin undiszipliniert. Ich bin überfordert.*
Aber die Wahrheit ist: *Du bist überreizt. Nicht unfähig – sondern überflutet.*

Denn die digitale Erschöpfung ist keine Schwäche deiner Persönlichkeit – sie ist ein Kollateralschaden eines Systems, das auf maximale Aktivierung ausgelegt ist.
Und unser Gehirn, so genial es ist, ist diesem Dauerfeuer nicht gewachsen.

Noch nie in der Menschheitsgeschichte mussten wir so viele Entscheidungen auf so kleinem Raum treffen wie heute – allein dein Handy provoziert täglich mehrere tausend Mikroentscheidungen: Klicken oder nicht? Lesen oder überspringen? Antworten oder ignorieren? Posten oder löschen?

Diese Mikroentscheidungen verbrauchen kognitive Energie – sogenannte „decision fatigue" –, und zwar schneller, als du nachfüllen kannst.

Und dann ist da noch das Thema **digitaler Lärm**:
Auch wenn du nichts aktiv ansiehst oder liest – dein System verarbeitet jedes Symbol, jede Nachrichtenvorschau, jedes kurze Aufblinken am oberen Rand deines Bildschirms.
Ein ständiges Hintergrundrauschen.
Ein *permanenter kognitiver Verbrauch*, der sich wie Lärm im Kopf anfühlt – leise, aber zermürbend.

Ich erinnere mich gut an die Zeit, in der ich dachte, das sei normal.
Ich lebte effizient, produktiv, erreichbar.
Doch innerlich war ich leer.
Wie ein Bildschirm mit 20 geöffneten Tabs – flackernd, überlastet, instabil.
Und ich hätte es weiter ignoriert, wenn mein Körper nicht irgendwann den Notausgang gezogen hätte:
Schlaflosigkeit. Reizbarkeit. Lustlosigkeit. Rückzug.

Erst da habe ich erkannt:
*Digitale Erschöpfung ist real. Und sie ist gefährlich.*
Denn sie macht dich leise kaputt.
Sie raubt dir nicht dein Leben – aber deine Lebendigkeit.

Und sie tut es so gut getarnt, dass du denkst, du bist das Problem.

Doch genau hier beginnt deine Rückkehr:

- Indem du erkennst, dass deine Müdigkeit nicht Faulheit ist.

- Dass deine Gereiztheit nicht Charakterschwäche ist.

- Dass dein Unfokus nicht bedeutet, du hast versagt – sondern dass dein System Hilfe braucht.

*Und Hilfe ist möglich.*

Im nächsten Kapitel zeige ich dir, wie sich diese Überreizung konkret in Angststörungen, Panikgefühlen und innerem Dauerstress äußert – und was du dagegen tun kannst.

# Kapitel 8: Konzentration? Fehlanzeige!

*Warum unsere Aufmerksamkeit zersplittert – und wie du sie zurückeroberst*

Es beginnt mit kleinen Unterbrechungen.
Ein kurzer Blick aufs Handy, eine Nachricht, eine Benachrichtigung.
Du kehrst zur Aufgabe zurück – denkst, du bist wieder drin – und merkst nicht, dass dein Gehirn jedes Mal **neu starten** muss.
Denn Konzentration ist kein Lichtschalter. Sie ist ein Feuer, das brennen muss – und jedes digitale Störsignal ist wie Wasser, das du hineingießt.

Was du vielleicht nicht weißt:
Es dauert **bis zu 23 Minuten**, bis dein Gehirn nach einer Unterbrechung wieder auf dem ursprünglichen Konzentrationsniveau arbeitet.
Und die meisten Menschen erleben – laut Studien – über 80 (!) Unterbrechungen pro Tag.
Mails. WhatsApp. Slack. Instagram. Anrufe. Pushs. Erinnerungen.
Kleine Pieptöne – große Wirkung.

Was das bedeutet?
*Du bist den ganzen Tag beschäftigt – aber nie fokussiert.*
Du fühlst dich ausgelaugt – aber hast das Gefühl, nichts geschafft zu haben.
Dein Gehirn ist in ständiger Alarmbereitschaft – statt im produktiven Flow.

Diese Zersplitterung hat tiefgreifende Folgen:

1. Du denkst oberflächlicher.
   Das Gehirn verlernt, in Tiefe zu denken. Es gewöhnt sich an kurze Informationshappen – ähnlich wie bei Fast Food. Schnell rein, schnell raus, kein nachhaltiger Nährwert.

2. Du wirst ungeduldiger.
   Wenn dein Belohnungssystem auf Sofortantworten trainiert ist, fällt es dir schwer, Prozesse auszuhalten, die Zeit brauchen – tiefes Lesen, kreatives Arbeiten, strategisches Planen.

3. Du empfindest Langeweile als Bedrohung.
   Früher war sie eine Einladung zur Reflexion. Heute wirkt sie wie ein Mangel. Etwas, das sofort gestopft werden muss – mit einem Bildschirm, mit einem Reiz, mit Input.

4. Du verlierst deine Entscheidungsfähigkeit.
   Denn Konzentration ist die Grundlage für gute Entscheidungen. Wer ständig im Reiz-Reaktions-Modus ist, kann nicht zwischen wichtig und unwichtig unterscheiden.

Und vielleicht noch gravierender:
*Du verlierst die Fähigkeit, bei dir zu sein.*
Denn echte Konzentration ist kein Werkzeug – sie ist ein Zustand.
Ein Zustand tiefer Verbindung mit dir selbst.
Ein Moment, in dem du *vergisst, dass du arbeitest*, weil du völlig bei der Sache bist.
Dieser Zustand – oft als „Flow" bezeichnet – ist nicht nur

produktiv. Er ist **heilsam**. Er verbindet dich mit deinem inneren Rhythmus, mit Klarheit, mit Kreativität.

Doch was passiert, wenn dieser Zustand nie erreicht wird?
Wenn dein Leben nur noch aus To-dos besteht, unterbrochen von Notifications?
Dann lebt dein Kopf in Fragmenten.
Du beginnst fünf Dinge – und beendest keines.
Du sammelst Wissen – aber verstehst nichts wirklich.
Du hetzt durch Aufgaben – aber verpasst dein Leben.

Ich habe das selbst erlebt – in meiner intensivsten KI-Forschungszeit.
Ich war in zehn Projekten gleichzeitig. Ich kommunizierte über fünf Kanäle. Ich war schnell, effizient, gefragt.
Aber ich war nicht da.
Nicht in mir. Nicht bei dem, was ich tat.
Ich arbeitete – aber ich *fühlte* nichts mehr dabei.
Es war, als würde ich mein Leben auf „Durchzug" führen.

Bis ich eines Tages alles stoppte.
Ich stellte mein Handy für drei Stunden aus. Einfach so.
Und in dieser Stille kam etwas zurück, das ich lange nicht gespürt hatte:
*Tiefe. Fokus. Freude.*

Ich erkannte damals etwas, das ich dir heute mit aller Klarheit und Eindringlichkeit sagen will:
**Konzentration ist kein Talent – sie ist ein Muskel.**
Und wie jeder Muskel wächst er nur durch Wiederholung, durch Training, durch Belastung – aber auch durch Regeneration.
Und genau das fehlt uns heute.

Wir trainieren unsere Aufmerksamkeit nie wirklich.
Wir hetzen ihr nur nach.

Denn Multitasking, das uns so oft als Superkraft verkauft wird, ist in Wahrheit nichts anderes als **schnelles** *Aufgabenwechseln* **– unter Verlust.**
Dein Gehirn springt von A nach B nach C – aber es zahlt jedes Mal.
Mit Energie. Mit Zeit. Mit Klarheit.

**Und dieser Preis ist hoch.**

Multitasking ist nicht produktiv.
Es ist teuer.
Es erzeugt das Gefühl, viel getan zu haben – ohne etwas wirklich geleistet zu haben.
Und je länger du das mitmachst, desto weniger Vertrauen hast du in deine eigene kognitive Fähigkeit.
Du denkst:
„Ich bin einfach nicht mehr so konzentriert wie früher."
„Ich bin halt leicht ablenkbar."
„Ich kann mich nicht mehr richtig vertiefen."
Aber das ist nicht deine Wahrheit – das ist dein
**Systemzustand.**
Und das Geniale ist: **Systeme kann man umprogrammieren.**

## Hier beginnt deine Rückeroberung.

Ich zeige dir jetzt, wie du deine Konzentration – und damit dein Denkvermögen, dein Selbstbewusstsein, deine kreative Kraft – Schritt für Schritt zurückholst:

## 1. Baue Reizschutz-Zonen in deinen Alltag ein

Du brauchst Zeiten am Tag, in denen du ganz bewusst keine
Reize zulässt.
Kein Handy. Kein Podcast. Kein Scrollen.
Nur du und eine Sache – oder du und Stille.
Diese Zonen wirken wie mentales Fasten: Anfangs
unangenehm, später transformierend.

## 2. Trainiere monotaskisches Arbeiten

Wähle eine einzige Aufgabe – und bleibe bei ihr.
Stelle alle Benachrichtigungen aus.
Arbeite in 25-Minuten-Blöcken (Pomodoro-Technik), gefolgt
von 5 Minuten echter Pause – kein Handy, kein Input.
Das klingt simpel – aber es ist radikal.

## 3. Erkenne den Unterschied zwischen Reiz und Bedürfnis

Nur weil dein Handy blinkt, heißt das nicht, dass du
reagieren musst.
Nur weil du dich langweilst, heißt das nicht, dass du Input
brauchst.
Lerne, Impulse zu beobachten – ohne ihnen zu folgen.
Das ist emotionale Meisterschaft.

## 4. Lies wieder lange Texte – mit Stift in der Hand

Langsam lesen.
Verstehen.

Markieren.

Denken.

Das aktiviert dein Gehirn auf tiefster Ebene.

Langform-Lesen ist wie ein Fitnessstudio für deine Aufmerksamkeit.

---

## 5. Werde zum Hüter deiner Zeiträume

Plane tägliche Fokuszeiten ein – feste Slots, in denen du offline bist und eine einzige Sache tust.

Schreibe sie dir in deinen Kalender – und verteidige sie wie ein Meeting mit deinem wichtigsten Kunden: **dir selbst.**

---

Und glaub mir, je öfter du das machst, desto mehr passiert etwas Wunderbares:

Dein Gehirn beginnt sich neu zu kalibrieren.

Es verlangt weniger nach schnellen Kicks.

Es entdeckt wieder den Wert der Tiefe.

Und du – du beginnst wieder zu *denken*, statt nur zu reagieren.

Ich sage dir das nicht als Außenstehender.

Ich sage es dir als jemand, der genau durch diesen Prozess gegangen ist.

Der sich selbst wieder neu kennengelernt hat – jenseits von Displays und Dauerablenkung.

Und der heute Dinge erschafft, die früher undenkbar gewesen wären.

Nicht, weil ich mehr kann – sondern weil ich **weniger zulasse**.

Denn Konzentration ist keine magische Fähigkeit.

Sie ist eine Entscheidung.

Jeden Tag. Immer wieder.

Und wenn du sie triffst, wirst du Dinge in dir entdecken, von denen du dachtest, sie seien verloren:

- Klarheit.

- Tiefe.

- Präsenz.

- Selbstvertrauen.

- Frieden.

Und das Beste daran?

**Sie waren nie weg.**

Sie waren nur überlagert.

Und jetzt – jetzt holst du sie zurück.

## Kapitel 9: Social-Media-Vergleich – Der Selbstwert in der Krise

*Warum du dich immer schlechter fühlst, obwohl du scheinbar alles hast*

Du öffnest dein Handy.
Scrollst.
Ein paar Sekunden.
Ein flüchtiger Blick – auf sie, auf ihn, auf das, was scheinbar passiert.
Urlaub. Lächeln. Erfolg. Liebe. Schönheit. Glück.
Und obwohl du gerade noch in Ordnung warst, spürst du plötzlich diesen Stich:
*„Warum sieht mein Leben nicht so aus?"*

Willkommen im permanenten Vergleich.
Willkommen in der unterschätzten Selbstwertkrise unserer Zeit.
**Social Media ist kein bloßes Kommunikationsmittel – es ist ein Spiegelhaus.**
Aber kein ehrliches.
Sondern ein verzerrtes.
Eines, in dem jeder so erscheint, wie er erscheinen will.
Und du, während du durch diese Bilderwelt navigierst, beginnst zu vergessen, dass es eine Bühne ist – keine Realität.

Du vergleichst deinen innersten Kern mit den polierten Außenfassaden anderer.
Deine Unsicherheiten mit ihren Erfolgen.
Dein echtes Leben mit ihren bearbeiteten Momenten.

*Und genau das zerstört dein Selbstwertgefühl.*

Nicht mit einem Schlag.
Sondern schleichend.
Unbemerkt.
In kleinen Dosen, die sich aufsummieren.

- Jedes perfekt inszenierte Frühstück – nagt an deiner „Normalität".

- Jedes makellose Selfie – kratzt an deinem Körperbild.

- Jedes „Erfolgsposting" – stellt deine Leistung infrage.

- Jedes glückliche Paar – lässt deine Einsamkeit lauter werden.

Du fühlst dich plötzlich „zu wenig" – obwohl du dich gerade noch ganz warst.
Und das Schlimmste: Du glaubst, dieses Gefühl sei „deins".
Aber es ist ein Gefühl, das dir algorithmisch eingepflanzt wurde.

Denn Plattformen funktionieren nur dann, wenn du **emotional reagierst.**
Und Studien zeigen: Negative Emotionen – Neid, Unsicherheit, Angst – erzeugen **höhere Interaktionsraten.**
Deshalb wirst du mit Inhalten gefüttert, die dich **vergleichen lassen.**
Nicht um dich zu verletzen – sondern um dich zu binden.

## Was macht das mit deiner Psyche?

1. **Du verlierst deine Referenzpunkte.**
   Du weißt nicht mehr, was „normal" ist.
   Alles scheint extremer, schöner, aufregender – und du
   fühlst dich zunehmend unzulänglich.

2. **Du bewertest dich durch Außenwirkung.**
   Likes werden zu Bestätigungen. Views zu
   Selbstwertindikatoren.
   Keine Resonanz? Kein Wert. Ein gefährliches Spiel.

3. **Du wirst abhängig von Feedback.**
   Nicht, weil du narzisstisch bist – sondern weil das
   System so funktioniert.
   Dein Dopaminsystem reagiert auf Reaktionen. Und
   du wirst süchtig danach.

4. **Du entkoppelst dich von dir selbst.**
   Du spürst nicht mehr, was dir gefällt – sondern was
   „ankommt".
   Du stylst dich, präsentierst dich, denkst über dich **für
   andere** – nicht mehr für dich.

---

**Und jetzt die Wahrheit:**

**Du kannst nicht gewinnen.**
Denn der Maßstab, den du nutzt, ist illusionär.
Er ist künstlich, gefiltert, choreografiert.
Die Menschen, mit denen du dich vergleichst, vergleichen
sich wiederum mit anderen.
Es ist ein Karussell, aus dem niemand ganz aussteigt –
solange man sich nicht aktiv dagegen entscheidet.

Ich sage das aus tiefster Überzeugung – weil ich selbst in diesem Strudel war.

Als Autor, als öffentlicher Mensch, als jemand, der Reichweite hatte.

Ich wusste, wie man sich inszeniert.

Ich wusste, wie man Resonanz erzeugt.

Ich hatte all die Reaktionen – und trotzdem fühlte ich mich in manchen Momenten leer.

Weil ich spürte: Das, was ich dort zeige, ist nur ein Ausschnitt.

Und je schöner er wurde, desto größer wurde die Diskrepanz zwischen Bild und Wirklichkeit.

Die Erlösung kam nicht durch Rückzug – sondern durch Bewusstwerdung.

Ich stellte mir eine einfache, aber radikale Frage:

**Was bleibt von meinem Selbstwert, wenn niemand applaudiert?**

Und weißt du was?

Wenn du da hindurchgehst – durch diese ehrliche Reflexion – dann beginnt etwas Großes:

**Du wirst unabhängig.**

Nicht im Sinne von „mir ist alles egal".

Sondern im Sinne von: *Ich weiß, wer ich bin – auch ohne digitale Spiegelung.*

---

*Hier ein paar Impulse, um dich zu befreien:*

- **Führe einen Social-Media-Fastenmonat ein.** Nur konsumieren, was dich wirklich nährt.

- **Entfolge Accounts, die dich vergleichen lassen.**
  Das ist kein Urteil – das ist Selbstfürsorge.

- **Beobachte deine Gedanken nach dem Scrollen.**
  Wirst du ruhiger – oder leerer? Das ist dein Kompass.

- **Stelle dir regelmäßig diese Fragen:**

  - Was denke ich gerade über mich – und kommt dieser Gedanke aus mir oder von außen?

  - Würde ich das auch posten, wenn es niemand sieht?

  - Bin ich in mir – oder nur eine Projektion?

---

Denn am Ende dieses Kapitels sollst du eine Sache tief verinnerlicht haben:
Du bist nicht zu wenig. Du bist nur zu oft abgelenkt von dem, was du bereits bist.
Wenn du beginnst, dich von innen heraus zu sehen – ohne Spiegel, ohne Klicks, ohne Bestätigung – dann beginnt echte Selbstliebe.
Nicht laut. Nicht dramatisch.
Aber ehrlich. Still. Tragend.
Und das ist der Anfang von echter innerer Stärke.

Die perfideste Wirkung von Social Media ist nicht nur der Vergleich selbst – sondern das, was er **in uns zurücklässt**:
Ein inneres Gefühl von Unzulänglichkeit, das sich *nicht mehr rational greifen lässt*.
Es ist wie ein schleichendes Gift. Du spürst es nicht sofort –

aber es verändert alles: deinen Blick auf dich, deine Motivation, deinen Mut, dich echt zu zeigen.

Und was passiert, wenn wir beginnen, uns nur noch durch die Augen anderer zu betrachten?

- Wir verlieren den Zugang zur **eigenen Intuition.**

- Wir leben *fremdbestimmt*, obwohl wir glauben, frei zu sein.

- Wir machen Entscheidungen abhängig von Erwartungen, nicht von Werten.

- Wir versuchen, *Bilder von Erfolg zu erfüllen*, statt unsere eigene Definition zu leben.

Das Fatale daran:
Wir merken nicht, dass wir auf einem fremden Spielfeld spielen – mit Regeln, die wir nie bewusst akzeptiert haben. Denn das System aus Likes, Views, Followern ist **kein Abbild von Realität** – sondern ein Spiel um Sichtbarkeit, das nach Maßstäben funktioniert, die mit Tiefe, Authentizität oder wahrer Lebensqualität nichts zu tun haben.

Das Ergebnis?
Wir leben doppelt.
Einmal hier – im echten Leben.
Und einmal dort – in der digitalen Projektion.
Doch was als Ergänzung gedacht war, hat sich oft zur Hauptbühne entwickelt.
Und das echte Leben? Rutscht in die Nebenrolle.
Mit echten Gefühlen, echten Krisen, echten Werten – aber wenig Applaus.

Und so beginnen wir, uns **nach außen** zu richten.
Und verlieren dabei den **inneren Kontakt**.

---

**Wie du deinen Selbstwert zurückeroberst – in einer Welt voller Vergleiche**

Wenn du diesen Text liest und dich erkennst, dann hast du bereits den ersten Schritt getan.
Denn Bewusstsein ist der Anfang jeder Befreiung.

Aber du kannst – und solltest – weitergehen.
Hier sind konkrete Strategien, mit denen du deinen Selbstwert wieder unabhängig machen kannst:

---

*1. Schreib dir auf, was dich ausmacht – ohne jeden Bezug zu außen.*
Was sind deine Stärken, unabhängig von Erfolg?
Was liebst du an dir, wenn du nicht gesehen wirst?
Wer bist du, wenn niemand klatscht?

---

*2. Übe radikale Ehrlichkeit mit dir selbst.*
Stell dir regelmäßig diese Fragen:
– Schaue ich gerade, um mich zu inspirieren – oder zu vergleichen?
– Will ich wirklich teilen – oder brauche ich Bestätigung?
– Wäre ich bereit, diesen Moment nur für mich zu erleben?

### 3. Pflege echte, tiefe Begegnungen.

Suche den Austausch mit Menschen, die dich wirklich kennen.

Sprich über Zweifel, Sehnsucht, Ängste – nicht über Reichweite oder Reichhaltigkeit.

Denn echter Kontakt heilt. Immer.

---

### 4. Kultiviere Langeweile und Stille.

Nur in der Stille hörst du deine eigene Stimme.

Und nur wenn du sie regelmäßig hörst, wirst du immun gegen das Stimmengewirr da draußen.

---

### 5. Erkenne den Unterschied zwischen Sichtbarkeit und Bedeutung.

Du musst nicht sichtbar sein, um wertvoll zu sein.

Du musst nicht performen, um zu existieren.

Manche der bedeutendsten Entwicklungen in dir finden **ungesehen statt.**

---

Ich möchte, dass du eines nie vergisst – auch wenn du irgendwann wieder durch Social Media scrollst, durch andere Leben, durch scheinbar perfekte Existenzen:

**Was du dort siehst, ist nicht die ganze Wahrheit.**

**Aber was du in dir trägst – ist echt.**

**Und es reicht.**

Nicht irgendwann.

Nicht wenn du mehr erreichst.

Nicht wenn du besser wirst.

**Sondern jetzt. Genau so.**

# Kapitel 10: Kinder, Familie, Partnerschaft – Was auf dem Spiel steht

**Wie digitale Ablenkung unsere Beziehungen verändert – und wie du sie rettest**

## Teil 1: Die stille Entfremdung

Wenn wir über die Folgen digitaler Überreizung sprechen, denken viele an Effizienzverlust, Konzentrationsprobleme oder berufliche Auswirkungen.

Doch dort, wo der Preis am höchsten ist, schauen wir oft am wenigsten hin:

**in unsere Beziehungen.**

Zu unseren Kindern.

Zu unseren Partnerinnen oder Partnern.

Zu unserer Familie.

Denn was wir dort verlieren, verlieren wir leise.

Nicht in großen Dramen.

Sondern in verpassten Momenten, in halben Blicken, in Gesprächen, die nur zur Hälfte geführt wurden.

Die digitale Ablenkung macht uns **nicht zu schlechteren Menschen**, aber zu **weniger anwesenden**.

Und das ist auf Dauer katastrophal.

---

## Der unsichtbare Bruch: Wenn Nähe nur physisch ist

Du bist im Raum. Dein Kind spielt neben dir.

Du liebst es. Du willst präsent sein.

Doch dein Blick wandert alle paar Minuten zum Handy.

Vielleicht nicht einmal, um zu reagieren – nur um zu

checken.

Du glaubst: *Ich bin doch da.*

Doch für dein Kind bist du nicht da – **nicht ganz**.

Denn emotionale Präsenz spürt man nicht über Entfernung.

Sie spürt sich über **Blickkontakt, Reaktion, Timing, Resonanz.**

Ein Kind fühlt sofort, ob du „da" bist – mit deinem ganzen Wesen.

Und je öfter es merkt, dass du es nur „beobachtest", aber nicht *siehst*,

desto leiser wird es.

Oder lauter.

Oder wütender.

Oder anstrengender.

Denn ein Kind, das um Aufmerksamkeit kämpfen muss, wird dich nicht mit Argumenten überzeugen.

Es wird schreien.

Oder sich zurückziehen.

Oder sich an den Bildschirm flüchten – so wie du.

**Digitale Präsenz kostet uns Bindung.**

Nicht weil wir unsere Kinder nicht lieben.

Sondern weil wir den Fokus verlieren.

Weil unsere Aufmerksamkeit zersplittert ist.

Und weil das Smartphone immer verfügbarer ist als das echte Gegenüber.

Wir schreiben uns schnell eine Nachricht.
Ein Herz-Emoji, ein kurzes „Bin gleich da", ein Like auf ein Bild.
Doch was wir dabei oft verlieren, ist das Wesentliche:
**die echte Begegnung.**

Echte Kommunikation ist nicht effizient.
Sie ist nicht abkürzbar.
Sie braucht Zeit, Raum, Mut.
Und genau das fehlt, wenn unsere gemeinsame Zeit durchzogen ist von ständigen Blicken aufs Handy, von Gesprächen mit halbem Ohr, von parallelem Scrollen neben dem Reden.

Die Folge:

- Missverständnisse häufen sich.

- Nähe wird brüchig.

- Sexuelle Spannung weicht emotionaler Distanz.

- Konflikte entstehen nicht aus großen Dingen – sondern aus einem ständigen Gefühl von „Du bist nicht wirklich bei mir."

Viele Paare merken nicht, wie weit sie sich entfernt haben – weil sie rein praktisch noch funktionieren.
Aber emotional sind sie wie zwei Tabs im selben Browser – *parallel offen, aber ohne Verbindung.*

## Teil 2: Die Rückeroberung der Nähe

Was kannst du tun?
Wie kehrst du zurück in echte Beziehung – trotz einer Welt
voller Ablenkung?

Die Antwort liegt nicht in Schuldgefühlen, sondern in
**bewusstem Handeln**.
Hier sind Strategien, die nicht perfekt sein müssen, aber
mächtig sind – wenn du sie konsequent lebst:

---

## 1. Einführung von digitalen Familienzeiten

Legt Zeiten fest, in denen alle Geräte weg sind.
Nicht aus Zwang – sondern aus **Gemeinschaft.**
Das Abendessen. Der Spaziergang. Eine Stunde Spielzeit.
Was zählt, ist nicht die Länge – sondern die Exklusivität der
Aufmerksamkeit.

---

## 2. Erkenne dein Vorbildsein

Deine Kinder lernen nicht durch Worte – sondern durch dein
Verhalten.
Wenn du ständig aufs Handy schaust, lernen sie: „Das ist
normal."
Wenn du in Momenten präsent bist, lernen sie: „Ich bin
wichtig."
Du bist ihr Modell für Beziehung.
Für Verbindung.
Für echtes Dasein.

## 3. Digitale Kommunikation bewusst durch echte Begegnung ersetzen

Plane echte Gespräche statt WhatsApp-Updates.
Frag nicht nur: *„Wie war dein Tag?"*
Frag: *„Was hat dich heute überrascht?"* oder *„Wann hast du dich stark gefühlt?"*
Schaffe Fragen, die *Tiefe öffnen*.
Denn wo Tiefe ist, wächst Vertrauen.

---

## 4. Räume für Intimität schaffen

Nicht nur körperlich – auch emotional.
Legt gemeinsame Off-Zeiten fest. Kein Bildschirm. Kein Scrollen. Nur ihr.
Setzt euch gegenüber. Schaut euch in die Augen.
Stellt euch Fragen.
Berührt euch.
Denn was digital oft verloren geht, ist das, **was uns menschlich macht.**

---

## 5. Fehler anerkennen, statt verbergen

Du wirst es nicht perfekt machen.
Niemand kann in dieser Welt ständig präsent sein.
Aber du kannst es **bemerken**.
Und du kannst es **benennen**.
*„Ich war gerade nicht richtig da. Es tut mir leid. Ich möchte wieder da sein."*
Das ist keine Schwäche – das ist Beziehungsstärke.

Am Ende dieses Kapitels sollst du nicht das Gefühl haben,
versagt zu haben.
Sondern die Kraft spüren, **neu zu wählen.**
Weil deine Kinder dich brauchen – nicht als perfekten
Menschen,
sondern als echten.

Weil deine Partnerschaft Raum für Echtheit braucht – nicht
für ständige Reaktionen.

Und weil du selbst spüren darfst:
*Offline bin ich nicht weniger. Ich bin näher. Ich bin ganz. Ich
bin da.*

# Teil 3 – Die Wahrheit hinter dem Bildschirm

## Kapitel 11: Die Mechanismen der Manipulation

Wie deine Aufmerksamkeit zur Ware wurde – und wie du dich zurückholst

### Teil 1: Das Geschäft mit deiner Zeit

Wenn wir heute über Social Media, Nachrichten-Apps, Streamingdienste oder Spiele sprechen, dann klingt das nach Freizeit, nach Unterhaltung, nach „ich nutze es, wann ich will".
Doch diese Vorstellung ist eine Illusion.
Denn du nutzt diese Plattformen *nicht einfach so* – sie nutzen **dich**.
Genauer gesagt: **deine** *Aufmerksamkeit*.

Wir leben in der Aufmerksamkeitsökonomie.
Und in dieser Wirtschaft ist nicht das Produkt der Star – sondern **der Nutzer selbst**.
Oder noch genauer: **Deine Zeit, dein Fokus, deine Klicks, deine Emotionen.**

Denn hinter jeder Plattform steckt ein Businessmodell, das auf einem Prinzip beruht:
**Je länger du bleibst, desto mehr Geld wird verdient.**

- Mehr Daten.

- Mehr Werbung.

- Mehr Einfluss.

Das bedeutet: Jedes Design-Element, jeder Ton, jede Farbe, jedes Symbol auf deinem Display ist **bewusst so gestaltet**, dass du nicht aufhörst.

Das Scrollverhalten?
Endlos. (Infinite Scroll – ein bewusst eingesetzter Suchtverstärker.)
Benachrichtigungen?
Gezielt getimt, um dein System zu triggern.
Algorithmische Auswahl?
Nicht das, was „gut" für dich ist – sondern was **deine Reaktion provoziert.**

Es geht nicht darum, dir zu helfen.
Es geht darum, dich zu **halten.**
Denn deine Verweildauer ist bares Geld.

Und je mehr Plattformen miteinander konkurrieren, desto mehr müssen sie tun, um dich länger, tiefer, emotionaler zu binden.

---

## Das Problem dabei?

*Du wirst nicht gefragt.*
Du gibst nicht aktiv Einwilligung zu diesem Spiel – du bist einfach drin.
Du bist mittendrin in einem System, das dich durch subtile Mechanismen steuert:

- **Variable Belohnung:** Du bekommst nicht immer, was du willst. Und genau deshalb kommst du wieder.

- Feedback-Schleifen: Jeder Like, jeder Kommentar erzeugt eine Schleife, die dich erneut bindet.

- Micro-Interaktionen: Kleine Symbole, die „nur kurz" aktiviert werden – aber psychologisch maximale Wirkung haben.

- Schattenprofile & Predictive Behaviour: Systeme kennen dich besser, als du dich selbst kennst – und füttern dich mit dem, was dich emotional trifft.

**Das Ziel ist nicht dein Wohl – sondern dein Verbleib.**

## Teil 2: Die emotionale Ausbeutung

Das perfide an der Aufmerksamkeitsökonomie ist nicht nur die Manipulation – es ist die emotionale Erschöpfung, die sie erzeugt.
Denn diese Systeme „spielen" nicht neutral mit dir.
Sie greifen deine emotionalen Schwachstellen an:

- **Angst** (Du könntest etwas verpassen – FOMO)

- **Wut** (Empörungs-Content erzeugt mehr Reaktionen)

- **Unsicherheit** (Du musst „mithalten" mit Trends, Meinungen, Bildern)

- **Langeweile** (Du wirst sofort mit Reiz versorgt – keine Stille erlaubt)

Das Ergebnis?
Du bist ständig aktiviert – und fühlst dich gleichzeitig leer.
Du bekommst Input – aber keine Tiefe.

Du hast Verbindung – aber keine Verbundenheit.
Du bist beschäftigt – aber innerlich entwurzelt.

Denn diese Art von digitalem Konsum ist nicht nur
zeitfressend –
sie ist *Selbstentfremdung in Echtzeit.*

Und das perfide:
Wenn du dich schlecht fühlst, öffnest du dieselbe Plattform,
die dich dorthin gebracht hat – in der Hoffnung, dich zu
„beruhigen".
Ein toxischer Kreislauf.

## Und was ist die Lösung?

**Wachheit. Bewusstsein. Entscheidung.**

Du wirst dieses Spiel nicht durch Wut beenden.
Nicht durch Selbstverachtung.
Sondern durch **radikales Verstehen** – und bewusstes
Handeln.

## 5 Schritte, um deine Aufmerksamkeit zurückzuerobern:

1. Erkenne das System.
Sobald du begreifst, dass alles um dich herum gestaltet ist,
um dich festzuhalten, ändert sich deine Haltung. Du wirst
vom Spielball zum Beobachter.

2. Schalte gezielt Benachrichtigungen ab.
Push-Nachrichten sind digitale Fäden an deinem
Nervensystem. Jeder Ton, jede Vibration ist ein Reiz. Befreie
dich davon – aktiv.

---

3. Nutze Technologie bewusst – nicht impulsiv.
Frage dich vor jeder App-Öffnung:
*Warum genau gehe ich da jetzt rein? Was suche ich wirklich?*
Diese 5-Sekunden-Pause kann alles verändern.

---

4. Installiere Unterbrechungshilfen.
Apps wie „Freedom", „Forest" oder systemeigene
Bildschirmzeit-Begrenzungen helfen dir, **digitale Räume
wieder einzurahmen.**
Nicht als Verzicht – sondern als Schutz.

---

5. Baue tägliche Unverfügbarkeit ein.
Eine Stunde am Tag. Ein halber Tag am Wochenende.
Zeiten, in denen du ganz bewusst **nicht erreichbar** bist.
Nicht als Protest – sondern als Rückgewinnung deiner
Würde.

Denn hier ist das Wichtigste, das ich dir aus meiner eigenen Reise mitgeben will:

> **Deine** *Aufmerksamkeit* **ist dein Leben.**
> Wohin sie geht – dorthin fließt deine Zeit.
> Dorthin fließt deine Energie.
> Dorthin formt sich deine Identität.
>
> Wenn du deine Aufmerksamkeit schützt,
> dann schützt du nicht nur deinen Fokus –
> du schützt dein gesamtes Potenzial.
>
> Und das ist nicht nur eine Option.
> **Es ist eine Notwendigkeit.**

# Kapitel 12: Warum Apps süchtig machen – und was du dagegen tun kannst

Ein Blick in die Psyche der Plattformen – und in deine eigene innere Freiheit

## Teil 1: Die Suchtformel der digitalen Welt

Wenn wir von „Sucht" sprechen, denken viele an harte Drogen, Alkohol, Glücksspiel. Doch digitale Abhängigkeit funktioniert anders – sie ist leiser, gesellschaftlich akzeptiert, ständig verfügbar.
Und genau das macht sie so gefährlich.

Die Wahrheit ist: Apps werden nicht einfach programmiert – sie werden designed, um dich zu binden.
Mit psychologischen Prinzipien, die bis ins Detail durchdacht sind – und dich dort packen, wo du am verwundbarsten bist: im limbischen System, also im Zentrum deiner Emotionen, Reaktionen und Verhaltensmuster.

---

## Was macht Apps wirklich süchtig machend?

### 1. Die variable Belohnung:
Das mächtigste Suchtprinzip überhaupt – schon aus der Verhaltensforschung mit Tieren bekannt: Wenn die Belohnung nicht vorhersehbar ist, bleiben wir länger dran. So wie beim Spielautomaten weißt du bei Social Media nie, ob ein Like kommt, eine Nachricht, ein virales Erlebnis. Und genau diese Ungewissheit lässt dich immer wieder

öffnen, immer wieder scrollen – **wie bei einem digitalen Einarmigen Banditen.**

---

**2. Endlosigkeit ohne Abschluss:**

„Infinite Scroll" wurde entwickelt, damit du nie am Ende ankommst.

Es gibt keinen Schlusspunkt, keinen natürlichen Ausstieg.

Du bekommst ständig „Nachschub", ohne Reibung, ohne Pause.

Und dein Gehirn bleibt im Suchmodus – **auf der Jagd nach dem nächsten Kick.**

---

**3. Soziale Spiegelung:**

Wir sind soziale Wesen – unser Selbstbild entsteht durch Spiegelung.

Wenn du auf Likes, Kommentare oder Story-Reaktionen wartest, bist du nicht bei dir – sondern in der Reaktion anderer verankert.

**Das macht abhängig – nicht nach Inhalten, sondern nach Bestätigung.**

---

**4. Mikro-Stimuli mit maximaler Wirkung:**

Die Farbe der Buttons. Die Position von Icons. Die Zeitverzögerung beim Aktualisieren. Alles ist bewusst gewählt.

Ein Beispiel: Das „Warten" auf neue Inhalte beim „Pull-to-Refresh"-Ziehen (z. B. bei Instagram oder Twitter) ist kein technisches Muss – es ist ein psychologischer Trick, der

Spannung erzeugt.

**Du wirst nicht** *informiert* **– du wirst konditioniert.**

---

**5. Verknüpfung mit Gewohnheiten:**

Die größte Gefahr ist nicht der intensive Gebrauch – sondern der **automatische.**

Wenn du dein Handy öffnest, ohne zu wissen warum, ist der Weg zur Abhängigkeit bereits beschritten.

Nicht weil du schwach bist. Sondern weil das System **so gebaut ist.**

---

## Teil 2: Was du wirklich tun kannst – ohne in Extremismus zu verfallen

Die Lösung ist nicht: „Handy wegwerfen".

Sie ist auch nicht: „Ab morgen kein Social Media mehr."

Solche Extremmaßnahmen halten selten.

Was du brauchst, ist ein echter **Umgang mit deiner Macht.**

Denn ja – du **hast Macht.**

Hier ist dein Werkzeugkasten, um dich Schritt für Schritt zu entkoppeln – innerlich wie äußerlich:

---

## 1. Schaffe eine bewusste Startseite

Was du zuerst siehst, formt deinen Tag.

Lege Apps, die dich ablenken, **nicht** auf den Home-Screen.

Platziere stattdessen:

– Kalender

– Notizen

– E-Book-Reader
– Meditations-Apps
Das verändert deinen Impuls schon beim Entsperren.

---

## 2. Verwandle dein Handy in ein Werkzeug

Reduziere es auf seinen funktionalen Kern:
– Kommunikation
– Organisation
– Navigation
– gelegentliche Inspiration
Alles darüber hinaus? Muss durch die Schranke deiner
Entscheidung gehen.

---

## 3. Entferne alle Benachrichtigungen – ohne Ausnahme

Wenn dein Gerät dich ruft, gehörst du ihm.
Wenn du entscheidest, wann du es nutzt – bist du frei.
Das bedeutet: Kein Ping. Kein Badge. Kein Vibrieren.
Nur bewusste Nutzung, wenn **du es willst.**

---

## 4. Führe tägliche App-Fasten-Zeiten ein

Zwei Stunden am Tag.
Kein Social Media. Kein News-Feed. Kein Scrollen.
Nur du. Deine Gedanken. Deine Aufgaben. Dein echtes
Leben.
Das ist kein Verzicht.
**Das ist Rückeroberung.**

## 5. Setze Intervall-Apps ein – aber nicht blind

Nutze digitale Hilfsmittel wie „Digital Wellbeing", „Screen Time", „Opal", „StayFree".
Aber verstehe: Diese Tools sind **Begleiter, keine Retter.**
Sie zeigen dir, was du fühlst – aber **du musst den Hebel selbst umlegen.**

---

## 6. Baue neue Triggerketten auf

Alte Gewohnheiten lassen sich nicht löschen – nur ersetzen.
Statt:
*Langeweile = Handy raus*
bau dir:
*Langeweile = tiefer Atemzug, Glas Wasser, Blick aus dem Fenster*
Ersetze Reiz durch **Ritual.**

---

## 7. Reflektiere regelmäßig: Was tut mir wirklich gut?

Führe ein Mini-Journal:
– Was habe ich heute digital konsumiert?
– Wie fühle ich mich danach?
– Was war nährend – was war raubend?

Diese Fragen führen dich zurück zu deinem **inneren Leitsystem.**

**Und das Wichtigste zum Schluss:**

Du bist nicht schwach, weil du dich ablenken lässt.
Du bist ein Mensch in einem System, das auf **Ablenkung gebaut ist.**
Aber du bist auch mehr als dieses System.
Du bist ein Wesen mit Bewusstsein, mit Wahlkraft, mit Tiefe.

Und je mehr du lernst, deine digitale Umgebung bewusst zu gestalten,
desto mehr wird dein Alltag wieder **deiner.**
Mit Stille. Mit Klarheit. Mit Raum.
Raum für dich. Für Beziehung. Für Echtheit. Für ein Leben,
das **nicht von außen gelenkt wird – sondern von innen** geführt.

# Kapitel 13: Der Kampf um unsere Aufmerksamkeit

Warum deine Zeit kein Zufall ist – sondern ein umkämpftes Schlachtfeld

**Teil 1: Die neue Währung des 21. Jahrhunderts**

Früher waren es Bodenschätze, Landflächen oder Öl.
Heute ist die wertvollste Ressource der Welt: deine Aufmerksamkeit.
Nicht deine Daten. Nicht dein Geld.
Sondern dein Blick. Deine Reaktion. Deine Zeit.
*Weil alles beginnt – und endet – mit Aufmerksamkeit.*

Und deshalb ist genau sie zur **am stärksten** umkämpften **Währung** geworden.
Jede App, jede Plattform, jede Website – sie alle kämpfen nicht um dich.
Sie kämpfen um dein **Verweilen.**
Denn solange du bleibst, gewinnen sie.
Wer dich fesselt, gewinnt deine Zeit.
Und wer deine Zeit hat, **beherrscht dein Denken.**

Diese Systeme sind nicht neutral.
Sie sind Waffen.
Hochentwickelte Systeme mit dem einzigen Ziel:
*Aufmerksamkeit maximieren.*

- Durch den **Algorithmus**, der dich nicht informiert, sondern emotionalisiert.

- Durch **Trending-Logik**, die Reiz über Tiefe stellt.

- Durch **Empörung als Design**, weil Wut besser klickt als Frieden.

- Durch **Überindividualisierung**, bei der jeder seine eigene Echokammer bekommt – perfekt gefiltert auf deine Trigger.

Wir reden nicht über technische Spielereien.
Wir reden über **digitale** Kriegsführung – gegen deine Konzentration, gegen deinen inneren Frieden, gegen deine Selbstbestimmtheit.

Die Tools, die du täglich nutzt, sind die Frontlinie eines globalen Machtkampfes:
– Plattformen gegen Plattformen.
– Interessen gegen Klarheit.
– Kapital gegen Bewusstsein.

Und du?
*Bist die Beute – oder der Befreite.*

---

**Teil 2: Der Preis, den wir zahlen – kollektiv und persönlich**

Was macht dieser ständige Kampf mit uns als Gesellschaft?

1. Wir verlieren die Fähigkeit zum Zuhören.
   Wenn jede Sekunde zählt, ist kein Raum für Langsamkeit, für Nuancen, für Unvollkommenes.

Wir reden lauter – aber hören weniger.
Wir tippen schneller – aber fühlen weniger.
Wir wollen Aufmerksamkeit – aber geben keine.

2. Wir fragmentieren unser Denken.
   500 Wörter sind zu lang.
   30 Sekunden ohne Reiz sind zu viel.
   Wir konsumieren Weltgeschehen, Menschenleben,
   Politik, Spiritualität – in Häppchen.
   Und verlieren das große Ganze aus dem Blick.

---

3. Wir werden manipulierbar.
   Denn wer keine Tiefe mehr kennt, ist leicht zu
   steuern.
   Ein virales Video ersetzt Reflexion.
   Ein Meme ersetzt eine Meinung.
   Ein Hashtag ersetzt echten Wandel.
   Und so werden ganze Gesellschaften von denen
   gesteuert, die Aufmerksamkeit technisch am besten
   lenken.

---

4. Wir verlernen echte Präsenz.
   Selbst im Gespräch schweifen wir ab.
   Selbst im Urlaub scrollen wir.
   Selbst beim Essen fehlt uns der Geschmack – weil
   der Reiz fehlt.
   Und das Resultat: ein kollektiver Zustand von *Halb-
   Dasein*.
   Nie ganz hier. Nie ganz bei uns. Nie ganz echt.

*Was das für dich persönlich bedeutet*

Es ist kein individuelles Versagen, wenn du müde bist.
Wenn du dich zerrissen fühlst.
Wenn du nicht mehr weißt, was du denken sollst.
*Es ist die logische Folge eines Systems, das dich von dir selbst entfernt.*

Und deshalb brauchst du kein neues Tool.
Du brauchst eine neue Haltung.

**Statt Reaktion – Entscheidung.**
**Statt Konsum – Bewusstsein.**
**Statt Reiz – Resonanz.**

---

**Und das ist deine Macht in diesem Krieg: Rückzug.**

Nicht aus Angst – sondern aus Klarheit.
Nicht für immer – sondern für dich.

Hier sind deine strategischen Gegenbewegungen:

---

1. Entscheide, wem du deine Aufmerksamkeit schenkst

Nicht jeder darf in deinen Kopf.
Nicht jedes Thema verdient deinen Fokus.
Frage dich: *Ist das gerade wichtig? Oder nur laut?*

---

2. Trainiere die Langsamkeit

Lies lange Artikel.
Hör einem Menschen 20 Minuten zu.

Tu eine Sache so bewusst, dass sie dich transformiert –
durch ihre Einfachheit.

---

## 3. Baue medienfreie Zonen in dein Leben

– Dein Schlafzimmer.
– Der Esstisch.
– Das Badezimmer.
– Die erste Stunde deines Tages.

Das sind keine Verbote.
Das sind **heilige Räume** für dein Nervensystem.

---

## 4. Rede darüber

Sprich mit anderen über dieses Thema.
Teil deine Gedanken.
Sag, was du fühlst.
Denn das ist der Anfang eines Bewusstseinswandels – **vom Einzelnen zur Bewegung.**

---

## 5. Finde zurück zu deiner inneren Stimme

Denn sie wird leise, wenn es laut wird.
Aber sie ist da.
Hinter dem Lärm.
Hinter dem Feed.
Hinter der Flut von Reizen.

Und wenn du sie wieder hörst, dann weißt du:

*Deine Aufmerksamkeit gehört dir.*
**Und wenn du sie schützt – schützt du dein Leben.**

## Kapitel 14: Wie dein Gehirn gekapert wird – und wie du es zurückeroberst

**Was mit deinen neuronalen Netzwerken passiert – und wie du sie neu ausrichtest**

**Teil 1: Willkommen im Hirnsturm**

Dein Gehirn ist ein Wunderwerk.
Es besteht aus etwa 86 Milliarden Nervenzellen, verbunden durch über 100 Billionen Synapsen.
Es ist nicht nur das Zentrum deines Denkens – sondern auch deines Fühlens, deines Handelns, deiner Identität.

Aber: Es ist *auch formbar*.
Es verändert sich. Immer.
Nicht einmal im Leben – sondern **jeden einzelnen Tag.**

Und genau das macht es so anfällig – aber auch so **mächtig.**

Denn alles, was du regelmäßig denkst, tust oder fühlst, **prägt dein Gehirn.**
Es ist wie ein Garten:
Was du gießt, wächst.
Was du ignorierst, verdorrt.
Und was du täglich nährst – das wird zur *Autobahn deiner Aufmerksamkeit.*

---

**Was bedeutet das konkret?**

Wenn du täglich Multitasking praktizierst, trainierst du dein Gehirn, **nicht mehr zu** *fokussieren.*
Wenn du ständig auf Reize reagierst, bildest du neue

Synapsenketten, die auf **sofortige Belohnung** programmiert sind.

Wenn du über Monate oder Jahre hinweg deine Aufmerksamkeit mit Mini-Kicks fragmentierst, dann bildet dein Gehirn schnelle, aber oberflächliche Verknüpfungen.

Das nennt sich **neuronale Plastizität.**
Und sie ist der Grund, warum du am Abend nicht mehr lesen kannst.
Warum du keine Geduld mehr hast.
Warum du beim Einschlafen an zehn Dinge gleichzeitig denkst.

---

**Digitale Systeme „*entführen*" dein Gehirn gezielt**

Sie machen sich zunutze, was aus der Gehirnforschung längst bekannt ist:

1. **Das Belohnungssystem (Dopamin-Achse):**
   Jedes Like, jeder Ping, jeder neue Inhalt erzeugt eine Mini-Belohnung.
   Und dein Gehirn lernt: *Das will ich wieder.*

2. **Das Angstsystem (Amygdala-Aktivierung):**
   Reizüberflutung, Konflikte, Kommentare, Negativ-Schlagzeilen – all das aktiviert dein inneres Alarmsystem.
   Und du bist in ständiger Verteidigung, auch wenn kein echter Angriff da ist.

3. **Das Gedächtnissystem (Hippocampus-Belastung):**
   Kurzzeitinfos überfluten dein Arbeitsgedächtnis –

doch sie landen nie im Langzeitgedächtnis.
Die Folge: Du bist voll im Kopf – aber leer im Inneren.

4. **Der Default Mode Network (DMN):**
Das ist der Teil deines Gehirns, der für
Selbstreflexion, Kreativität und inneres Ruhen
zuständig ist –
und er wird **deaktiviert**, wenn du ständig durch Reize
gelenkt wirst.

---

## Die Folge?

- Du wirst unkonzentriert, obwohl du nichts „Falsches"
tust.

- Du fühlst dich ständig beschäftigt – aber innerlich
leer.

- Du hast Ideen, aber bringst sie nicht zu Ende.

- Du sehnst dich nach Ruhe – und greifst
paradoxerweise noch öfter zum Handy.

**Das ist keine Charakterschwäche.**
Das ist ein geprägtes Gehirn.
Aber – und das ist das Wunderbare:
**Was geprägt wurde, kann auch wieder neu geprägt
werden.**

## Teil 2: Die Rückeroberung deiner neuronalen Architektur

Du bist nicht der Sklave deiner Synapsen.
Du bist der Architekt.
Und du kannst mit jedem bewussten Moment beginnen, dein Denken, Fühlen und Handeln **neu zu verschalten**.

Hier ist dein praktischer Fahrplan zur neuronalen Wiedereroberung:

---

1. Beginne mit dem Muskel „Achtsamkeit"

Achtsamkeit ist keine spirituelle Übung.
Sie ist ein neurologisches Training.
Sie aktiviert den präfrontalen Cortex – also den Teil deines Gehirns, der für *Selbstkontrolle, Mitgefühl, Klarheit und bewusste Entscheidung* zuständig ist.

Wie?
– 3 Minuten am Morgen: Atmen. Nichts tun. Nur beobachten.
– 3 bewusste Atemzüge vor jedem App-Öffnen.
– 1 Moment völliger Stille pro Tag.

Klingt simpel. Ist revolutionär.

---

2. Trainiere Deep Focus mit Mikro-Zeitfenstern

Beginne mit 10 Minuten.
– Kein Handy. Kein Tab-Wechsel. Keine Musik. Nur eine Aufgabe.

Trainiere dein Gehirn wie einen Muskel.
Jeder Durchgang stärkt deine Konzentrationsbahnen.

---

### 3. Ersetze Sofortbelohnung durch Langzeitfreude

Finde Tätigkeiten, die kein unmittelbares Ergebnis liefern –
aber dich erfüllen:
– Ein Buch lesen.
– Etwas bauen.
– Ein Gespräch ohne Ziel.
So lernt dein Gehirn wieder: *Nicht alles muss sofort knallen.*

---

### 4. Programmiere dein Belohnungssystem um

Statt: *„Ich checke mein Handy."*
Ersetze durch:
*„Ich trinke bewusst ein Glas Wasser."*
*„Ich gehe 5 Minuten an die Luft."*
Kleine Rituale. Große Wirkung.

---

### 5. Aktivere dein DMN – täglich

Lass dein Gehirn „herumwandern" – ohne Ziel.
Beim Duschen. Beim Spaziergang. Beim Tagträumen.
Dort entsteht dein tiefster Zugang zu dir.
Dort lebt deine Kreativität.

## Und zuletzt: Schaffe dir wieder Denk-Räume

Die beste Methode, dein Gehirn zu schützen, ist **nicht mehr Input** –
sondern **mehr Raum.**

Denn dein Gehirn ist nicht dafür gemacht, permanent zu reagieren.
Es will gestalten. Es will ruhen. Es will verbinden.

---

Und du wirst spüren:
Mit jedem bewussten Tag, an dem du deinen Fokus zurückholst,
beginnt dein Inneres sich zu verändern:

- Du wirst klarer.

- Du wirst ruhiger.

- Du wirst wieder du.

Denn dein Gehirn ist kein Gefängnis.
Es ist ein Garten.
Und jetzt – *jetzt beginnst du, ihn neu zu bepflanzen.*

# Kapitel 15: Was Big Tech von dir weiß (und warum)

**Wie aus deinem digitalen Verhalten ein gläsernes Ich wird – und wie du dich schützen kannst**

## Teil 1: Du wirst nicht beobachtet – du wirst berechnet

Vielleicht denkst du:
„Ich bin doch kein Promi. Wer sollte sich für mich interessieren?"
Doch genau das ist die Denkfalle.
Denn es geht nicht um *dich als Person* – es geht um **dein Muster.**

Big Tech interessiert sich nicht dafür, wie du aussiehst, wie du heißt oder was du denkst – zumindest nicht direkt.
Was zählt, ist **dein Verhalten.**
Was du klickst.
Wie lange du schaust.
Worauf du reagierst.
Wie schnell du scrollst.
Wann du aufstehst.
Wann du schläfst.
Wann du emotional wirst.

All das wird erfasst.
**Jeden Tag. Jede Minute. Jede Mikroreaktion.**

Und daraus entsteht kein Profil – sondern ein **Modell.**
Ein Abbild deiner Gewohnheiten, deiner Entscheidungslogik, deiner Affektstruktur.
Ein „digitaler Zwilling", der nicht nur beschreibt, **wer du bist** – sondern vorhersagt, **was du als Nächstes tun wirst.**

## Was genau wird gespeichert?

- Deine Klickpfade: Welche Inhalte du wie oft aufrufst – und in welcher Reihenfolge.

- Dein Scrollverhalten: Wie schnell du Inhalte konsumierst – und wo du verweilst.

- Deine Suchbegriffe: Rückschlüsse auf Sehnsüchte, Ängste, Interessen.

- Deine Uhrzeiten: Wann du aktiv bist – für gezielte Reizsetzung.

- Deine Käufe, Likes, Shares: Aufbau eines psychologischen Konsumprofils.

- Deine Standortdaten: Wo du dich aufhältst, bewegst, einkaufst, übernachtest.

Kombiniert ergibt das ein glasklares Bild:
*Wer du bist, was du brauchst, wann du am anfälligsten bist.*

---

## *Warum ist das gefährlich?*

Weil diese Daten nicht einfach „da" sind.
Sie werden verkauft.
Getauscht.
Getestet.
Verwendet, um dich zu beeinflussen – subtil, unsichtbar, aber effektiv.

Denn je mehr ein System über dich weiß,
– desto besser kann es dir Produkte verkaufen.
– desto gezielter kann es dich emotionalisieren.

– desto sicherer kann es dein Verhalten lenken, **ohne dass du es merkst.**

Und das geschieht nicht nur im Kommerz –
sondern zunehmend auch im politischen, kulturellen und sozialen Raum.

Was du zu sehen bekommst,
ist nicht „die Realität".
Es ist **dein Algorithmus-gesteuertes Weltbild.**
Und das formt deine Meinungen. Deine Haltung. Deine Entscheidungen.

---

## Teil 2: Was du dagegen tun kannst – realistisch und wirksam

Du kannst dich nicht komplett aus dem digitalen System lösen –
aber du kannst dich **bewusst darin bewegen.**

Hier sind konkrete Schritte, um deine Datensouveränität zurückzuerobern:

---

### 1. Werde zum aktiven Nutzer – nicht zum Objekt

Frage dich regelmäßig:
– Nutze ich die Plattform – oder nutzt sie mich?
– Warum sehe ich genau diesen Inhalt – und nicht einen anderen?
– Will ich das gerade sehen – oder wurde ich dazu gebracht?
**Diese Fragen schärfen dein inneres Navigationssystem.**

## 2. Nutze Tools zur Transparenz

Verwende Browser-Add-ons wie:
– uBlock Origin (Tracker-Blocker)
– Privacy Badger (Verhaltensschutz)
– DuckDuckGo (Tracking-freie Suchmaschine)
– Firefox/Brave statt Chrome (Datenschutzfokus)

Du musst kein Tech-Genie sein.
Du musst nur wissen: **Du hast Wahlmöglichkeiten.**

---

## 3. Hinterfrage kostenlose Angebote

Wenn du nichts bezahlst, **bist du das Produkt.**
Plattformen leben von deinen Daten.
Überlege bewusst:
– Muss ich dieses Tool wirklich nutzen?
– Gibt es eine datensparsamere Alternative?

Kostenlose Dienste haben ihren Preis – und der heißt:
**Transparenzverlust.**

---

## 4. Trainiere dich in digitaler Mündigkeit

Lies Artikel über Datenschutz.
Sprich mit anderen darüber.
Sei Vorbild.
Je mehr du verstehst, **wie digitale Systeme** *dich formen wollen,*
desto stärker wirst du in deiner Selbstführung.

## 5. Entscheide dich für bewusste digitale Räume

Weniger ist mehr.

Wähle 3–5 Plattformen, die du gezielt nutzt – und reduziere den Rest.

Denn jedes neue Tool braucht Energie, Aufmerksamkeit, Daten.

Statt „alles mitnehmen" – beginne mit **„Fokus wählen."**

---

## Und zuletzt: Verstehe den wahren Kern

Dein Wert liegt nicht in deiner Reichweite.

Nicht in deiner digitalen Aktivität.

Nicht in der Präzision deines Profils.

**Sondern in deiner Fähigkeit, dich bewusst zu erleben – jenseits der Systeme.**

Denn was Big Tech nicht modellieren kann,

ist das, was du jenseits aller Daten bist:

ein fühlender, entscheidender, reflektierender Mensch.

> Und je mehr du das kultivierst,
> desto leiser wird der Zugriff auf dich –
> und desto **lauter wird deine eigene Stimme.**

# Teil 4 – Der Weg zurück zu dir

## Kapitel 16: Digital Detox ist kein Trend – sondern Rettung

**Warum bewusster Entzug kein Luxus ist – sondern Überlebensstrategie**

### Teil 1: Detox ist nicht digital – Detox ist menschlich

Das Wort „Detox" ist überall.
Smoothies. Yoga. Entgiftung. Achtsamkeit.
Ein Hype, ein Marketingbegriff, ein Trendbegriff.
Doch **Digital Detox** ist kein Luxusprodukt für hippe Minimalisten –
es ist **ein notwendiger Selbstschutz in einer Welt voller Dauerbeschallung.**

Denn was du aus deinem Alltag entfernst, ist nicht „ein bisschen Bildschirmzeit" –
sondern ein gesamtes Reizsystem.
Ein System, das dein Nervenkostüm täglich beansprucht, dein Denken formt, deine Emotionen manipuliert und deine Beziehungen zerschneidet – in Mikrostücken.

Digital Detox bedeutet nicht: *Ich verzichte.*
Es bedeutet:
**Ich erkenne, was ich nicht mehr bereit bin zu verlieren.**

## Was verlierst du täglich – ohne es zu merken?

- Deine innere Ruhe
  – wenn du zwischen Reiz und Reiz nie wirklich ausatmest

- Dein echtes Selbstbild
  – wenn du dich im digitalen Spiegel ständig neu bewertest

- Dein Fokus
  – wenn du nur noch von „Nächstem" zu „Nächstem" hetzt

- Deine tiefen Beziehungen
  – wenn du körperlich da bist, aber geistig im Feed

- Dein Körpergefühl
  – wenn du ihn nur noch als Hintergrund für Reaktionen nutzt

- Deine kreative Kraft
  – wenn du nichts mehr entstehen lässt, sondern nur noch konsumierst

Diese Verluste sind nicht laut.
Sie sind nicht dramatisch.
Sie sind **leise – und genau deshalb so** *gefährlich*.

Und irgendwann wachst du auf, und fragst dich:
*„Wann habe ich zuletzt wirklich durchgeatmet?"*
*„Wann war ich zuletzt allein – und nicht einsam?"*
*„Wann habe ich zuletzt etwas getan, das nicht für andere sichtbar war – sondern nur für mich?"*

## Teil 2: Detox in der Praxis – keine Ideologie, sondern Rückkehr

Jetzt geht's ans Eingemachte:
Wie sieht ein Digital Detox **wirklich aus**, ohne dass du dein Leben umkrempeln musst?

---

### 1. Wähle dein Detox-Level – statt Alles-oder-nichts

Ein guter Detox beginnt nicht mit Dogmen.
Er beginnt mit **Realität**.
Frage dich:
– Wie hoch ist meine tägliche Bildschirmzeit?
– Was davon ist beruflich notwendig – was ist Gewohnheit?
– Wo fühle ich mich regelmäßig leer, obwohl ich „aktiv" war?

**Erst wenn du ehrlich siehst, was ist – kannst du wählen, was du willst.**

---

### 2. Lege einen Detox-Zeitraum fest

Ob 24 Stunden, 3 Tage oder 1 Woche – wähle einen klaren Zeitraum, in dem du:

- Kein Social Media nutzt

- Keine privaten Nachrichten beantwortest

- Keine News checkst

- Kein YouTube, TikTok oder Netflix konsumierst

Stattdessen:
- Lesen.
- Schreiben.
- Schlafen.
- Wandern.
- Kochen.
- Stille.

Es geht nicht um Verzicht.
**Es geht um Rückverbindung.**

---

### 3. Schaffe ein Detox-Ritual am Morgen

Starte deinen Tag **ohne Display.**
Kein Handy in der ersten Stunde.
Stattdessen:
- Fenster öffnen.
- Atem spüren.
- Körper dehnen.
- Kaffee trinken – mit Blick ins Offene.

Diese Stunde verändert deinen **gesamten Tag.**
Denn du bestimmst den Ton – nicht dein Display.

---

### 4. Wähle bewusste „Analoge Zonen" im Alltag

- Kein Handy im Badezimmer
- Kein Handy beim Essen
- Kein Handy im Bett
- Kein Handy, wenn dein Kind mit dir spricht
- Kein Handy, wenn du spazieren gehst

Diese Räume sind **heilig.**

Verteidige sie.

Nicht aus Härte – sondern aus Liebe zu dir selbst.

---

## 5. Beobachte, was hochkommt – ohne es zu bewerten

Am Anfang wirst du nervös.

Unruhig.

Vielleicht sogar traurig.

Das ist kein Scheitern.

Das ist dein System, das **endlich wieder spürt.**

Bleib da.

Schreib auf, was du fühlst.

Du wirst erstaunt sein, was in dir lebt, wenn der Lärm geht.

---

## 6. Nutze die Wiederverbindung für echte Entscheidungen

Wenn du nach deinem Detox wieder „online" gehst –

geh **bewusst** online.

Frag dich:

– Welche Plattformen nähren mich?

– Welche Inhalte lehren mich – statt mich zu betäuben?

– Wann bin ich wirklich inspiriert – und wann nur betäubt?

Digital Detox ist kein Ziel.

Es ist ein **Wegweiser.**

**Denn hier ist die Wahrheit:**

Du brauchst keine App, um dich lebendig zu fühlen.
Du brauchst keine Reaktion, um zu wissen, dass du da bist.
Du brauchst kein Dauerrauschen, um wertvoll zu sein.

Was du brauchst, ist **Stille – damit du dich wieder hören kannst.**
Was du brauchst, ist **Präsenz – damit du deine Welt wieder spürst.**
Was du brauchst, ist **Mut – dich zu entkoppeln von dem, was dir nicht mehr dient.**

Und ja: Detox ist keine Flucht.
**Detox ist Heimkehr.**

# Kapitel 17: Offline-Routinen, die wirklich funktionieren

**Wie du mit einfachen Gewohnheiten deine Präsenz, Energie und Klarheit zurückgewinnst**

**Teil 1: Warum Routinen dein Rettungsanker sind**

Wenn du dich fragst, warum du trotz Detox-Absicht immer wieder zurück in die alten Muster fällst – die Antwort ist einfach:
**Impulse besiegt man nicht mit Willenskraft. Sondern mit Struktur.**

Die moderne Welt ist nicht für deine Klarheit gebaut.
Sie ist gebaut für deine Reaktion.
Und je ungeplanter dein Tag ist, desto mehr greift das Außen nach dir.
Deshalb brauchst du Routinen. Nicht starr. Nicht dogmatisch.
Sondern als **Halt. Als Wiederholung. Als Rückgrat.**

Denn die Kraft von Routinen liegt nicht in der Disziplin.
Sie liegt in der **Entlastung.**
Jeder Moment, in dem du nicht neu entscheiden musst, ist ein Moment, in dem du bei dir bleiben kannst.

*Woran erkennst du eine „wirklich funktionierende" Offline-Routine?*

- Sie ist **leicht**, aber **tie⬚wirksam**

- Sie kostet **wenig Zeit**, aber bringt **klare Veränderung**

- Sie öffnet etwas in dir – statt dich zu kontrollieren

- Sie wirkt **nach** – auch wenn du wieder im Alltagstrubel bist

Hier kommen die **besten** Offline-Routinen, getestet, geerdet, transformierend:

---

## 1. Die 10-10-10-Methode am Morgen

*(10 Minuten für Körper, 10 Minuten für Geist, 10 Minuten für dich)*

**Körper:**
– Dehnen. Strecken. Barfuß stehen.
– Sanft bewegen – keine Fitnessshow, sondern Wecken.

**Geist:**
– Tagebuch: *„Was ist heute wichtig?"*
– Affirmation: *„Ich bin heute klar und wach."*
– Oder einfach 10 Minuten Stille.

**Für dich:**
– Etwas tun, das dir Freude macht – ohne Zweck.
– Musik hören. Wasser trinken. Licht spüren.

**Warum es wirkt:**
Du startest den Tag **mit dir selbst** – nicht mit dem Außen.

Das verändert alles.
Denn wie du beginnst, so atmest du durch den Tag.

## 2. 1-Stunden-Fokusblock – täglich

Wähle eine Stunde am Tag – egal wann –
in der du **digital vollständig offline bist**. Kein Handy, keine
Mails, kein Bildschirm.

Nutze sie für:

– Konzentriertes Arbeiten
– Lesen
– Malen
– Basteln
– Nachdenken
– Meditieren
– Einfach nichts

**Warum es wirkt:**
Diese Stunde ist dein **mentales Detox-Feld.**
Sie ist wie das Lüften in einem stickigen Raum.
Nach 30 Tagen willst du sie nie wieder missen.

## 3. Die bewusste Pause: alle 90 Minuten

Du brauchst **keine Auszeit am Wochenende,**
wenn du **Mini-Off-Zeiten** in deinen Tag einbaust.

Alle 90 Minuten – ganz bewusst:
– Atmen
– Fenster öffnen
– 3 Minuten ganz bei dir
– Kein Handy, keine Aufgabe, keine Reaktion

**Warum es wirkt:**

Dein Nervensystem arbeitet in 90-Minuten-Zyklen.

Wenn du das beachtest, wirst du **wacher – nicht müder.**

Präsenter – nicht getriebener.

---

## 4. Der „Offline-Übergang" am Feierabend

Bevor du von Arbeit in Freizeit wechselst –

baue eine **ritualisierte Übergangsminute** ein:

– Hände waschen – als Zeichen: „Ich lasse den Tag los"
– Kurze Reflexion: *„Was lasse ich jetzt hinter mir?"*
– Handy bewusst ablegen – mit einem Satz wie: *„Jetzt beginnt mein Leben."*

**Warum es wirkt:**

Das schafft **emotionale Entkopplung.**

Du kommst **ganz bei dir an.**

---

## 5. Digitalfreie Mahlzeiten

– Kein Handy beim Frühstück
– Kein Scrollen beim Mittagessen
– Kein TV beim Abendbrot

Stattdessen:
– Kauen. Schmecken. Spüren.
– Reden. Lächeln. Still sein.

**Warum es wirkt:**

Essen ist Verbindung. Mit dir. Mit anderen.

Wenn du dort präsent bist, ändert sich deine Energie.

Du wirst **ruhiger. Klarer. Genährter – nicht nur körperlich.**

---

## 6. Der Abendritus: analog aus dem Tag gleiten

Statt mit blauen Lichtwellen ins Bett:
– 30 Minuten vorher das Handy aus dem Schlafzimmer verbannen
– Ein echtes Buch
– Oder Tagebuch: *„Was war heute schön?"*
– Oder eine Frage an dich: *„Was habe ich heute gefühlt?"*

**Warum es wirkt:**
So kommt dein Gehirn zur Ruhe.
Und du wachst nicht nur erholter auf –
du schläfst als **Mensch**, nicht als Reizmaschine.

---

## 7. Der wöchentliche Offline-Halbtag

Ein halber Tag pro Woche – ganz bewusst **kein Bildschirm.**
Klingt unmöglich?
Dann ist es höchste Zeit.

Verbring diese Stunden mit:
– Natur
– Gesprächen
– Basteln
– Langeweile (ja, die darf sein!)
– Wandern
– Nichts

**Warum es wirkt:**
Du merkst erst, wie laut dein Leben ist,

wenn es still wird.

Und du merkst, wie tief du bist,

wenn du dich wieder spürst.

## Fazit: Präsenz ist Übung – nicht Zufall

Du wirst nicht von heute auf morgen ganz bei dir sein.

Aber mit jeder kleinen Routine wächst dein innerer Muskel:

– der Muskel der Klarheit

– der Muskel der Tiefe

– der Muskel der Selbstführung

> Und du wirst erleben, wie aus kurzen Momenten **neue Identität** wird.
> Offline ist dann kein Zustand mehr –
> **sondern deine neue Heimat.**

# Kapitel 18: Wie du dich selbst wieder spürst

**Wenn der Lärm aufhört – und du wieder bei dir ankommst**

**Teil 1: Der große Verlust unserer Zeit – das Körpergefühl**

Wir leben in einer Ära des Wissens, der Tools, der
Selbstoptimierung.
Wir tracken unsere Schritte. Wir analysieren unseren Schlaf.
Wir zählen unsere Kalorien.
Aber wir **fühlen uns nicht mehr.**
Nicht in Echtzeit. Nicht verkörpert. Nicht tief.

Wir wissen mehr denn je über unseren Körper – aber wir
**leben weniger in ihm.**
Wir bedienen ihn. Wir fordern ihn. Wir bewerten ihn.
Doch das Spüren – das echte, leise, ehrliche, non-digitale
Spüren – ist verloren gegangen.

**Denn Spüren braucht etwas, das uns permanent fehlt:**
**Stille. Langsamkeit. Präsenz.**

Wenn du den ganzen Tag auf Bildschirme schaust,
Informationen aufnimmst, reagierst, optimierst, vergleichst –
dann bist du in deinem Kopf.
**Aber du bist nicht in dir.**

Und das ist kein Luxusproblem.

Das ist die Ursache für:

– ständige Reizbarkeit

– emotionale Erschöpfung

– chronische Unzufriedenheit

– diffuse Ängste

– unerklärliche Leere

Denn ein Mensch, der sich selbst nicht mehr spürt, **verliert sich.**

Nicht äußerlich – sondern innerlich.

Und dann wirken selbst Pausen nicht mehr erholsam.

Dann fühlt sich selbst Freizeit wie „Funktion" an.

Und dein Körper schreit – leise. Mit Müdigkeit. Mit Spannung.

Mit innerem Lärm.

---

**Die Rückkehr beginnt mit einer Entscheidung: Ich will wieder fühlen.**

Nicht digital. Nicht über Content.

Sondern mit meinem ganzen Sein.

**Jetzt. Echt. Ungeschützt.**

Hier beginnt deine Rückverbindung.

## Teil 2: Wege zurück in deinen Körper – dein Sensor für Wahrheit

### 1. Atmung: dein direkter Zugang zur Gegenwart

Du brauchst keine App.
Keine Technik.
Nur dich und deinen Atem.

3–5 Minuten am Tag:
– Setz dich hin.
– Leg eine Hand auf dein Herz.
– Atme 4 Sekunden ein – 6 Sekunden aus.
– Lass die Schultern sinken.
– Spür deinen Bauch.

**Warum es wirkt:**
Der Atem bringt dich raus aus dem Kopf –
und zurück in den Moment.
Zurück in **dich.**

---

### 2. Körper-Scan: vom Denken ins Spüren

Einmal täglich – am besten abends –
scanne deinen Körper von innen.
Von Kopf bis Fuß:
– Wo ist Spannung?
– Wo ist Wärme?
– Wo ist gar nichts?

Du musst nichts tun – nur beobachten.
Das Spüren kommt zurück, **wenn du ihn einlädst.**

### 3. Nackt-zu-dir-Zeit

Zieh dich aus – ganz.
Setz dich vor den Spiegel.
Nicht um zu bewerten. Nicht um zu optimieren.
Sondern um **anzuerkennen.**

Sieh dich.
Berühr deine Haut.
Atme mit dir.

**Du bist nicht dein äußeres Bild.**
**Du bist dein inneres Erleben.**


### 4. Bewegung ohne Ziel

– Tanze ohne Musik.
– Lauf ohne Richtung.
– Streck dich wie ein Tier.
– Spür die Schwerkraft.

Kein Workout.
Kein Ziel.
Nur: **Da sein. In dir.**

Diese Bewegungen heilen.
Weil sie dich zurückführen.
Nicht zum Ideal – sondern zur **Wahrheit deines Körpers.**

## 5. Essen als Rückverbindung

Iss nicht am Handy. Nicht im Auto. Nicht nebenher.

Iss mit:
– Aufmerksamkeit
– Langsamkeit
– Geschmack

Kau. Riech. Lächle.
Denn dein Körper verdient, **genährt – nicht nur versorgt** zu werden.
Und das beginnt mit **Präsenz beim Einfachsten.**


## 6. Touch-Rituale: Berühr dich selbst – mit Achtung

Leg deine Hände auf:
– deinen Bauch
– dein Herz
– deinen Nacken

Drück nicht. Streichel nicht.
**Halte.**
Denn echter Kontakt beginnt mit dir.
Du kannst nicht erwarten, dass dich jemand spürt –
wenn du dich selbst nie berührst.

### 7. Natur: deine Rückerinnerung

Barfuß über Gras.
Hände in Erde.
Gesicht in Wind.
Stille unter Bäumen.

Hier geschieht das, was keine App kann:
**Du wirst wieder Mensch.**
Verbundener. Wahrhaftiger. Gelandeter.

---

### Teil 3: Was geschieht, wenn du wieder fühlst

- Du wirst ruhiger – ohne dich zwingen zu müssen.

- Du wirst mutiger – weil du in dir ruhst.

- Du wirst liebevoller – weil du dich selbst nicht mehr bekämpfst.

- Du wirst klarer – weil dein Körper die Wahrheit kennt.

Und du wirst erleben, wie sich ein neuer Alltag formt:
Kein perfekter. Kein cleaner. Kein instagrammabler.
Sondern ein echter.
Mit Höhen und Tiefen. Mit Leben und Lautlosigkeit.
Mit dir – in dir.

> Denn **wer sich selbst wieder spürt, beginnt wieder zu leben.**
>
> Und genau dafür bist du hier.

**Kapitel 19: Fokus, Stille und echte Verbindung**

**Was wirklich zählt, wenn der Bildschirm schwarz bleibt**

**Teil 1: Fokus – die vergessene Superkraft**

Fokus ist kein Tool. Kein Kalendertrick. Keine Methode.
Fokus ist eine **innere Haltung.**
Eine Entscheidung gegen die Zerstreuung.
Eine Einladung an dich selbst:
*„Ich bin hier. Und nichts anderes zählt jetzt."*

In einer Welt, in der alles gleichzeitig passiert,
ist echte Konzentration eine Form von Rebellion.
Und sie ist radikal still.

Denn Fokus bedeutet:
– nicht springen
– nicht reagieren
– nicht alles gleichzeitig
– sondern: **eintauchen.**

Wenn du fokussierst, verlangsamt sich deine Welt –
aber deine Tiefe steigt.

Du wirst **mehr**, indem du **weniger** tust.
Und du wirst **klarer**, je länger du bei einer Sache bleibst.
Denn Fokus ist keine Frage der Technik – sondern des Mutes,
**nicht alles gleichzeitig zu wollen.**

**So kultivierst du Fokus – nicht digital, sondern seelisch:**

**1. Nenn dein Vorhaben beim Namen.**
Statt „Ich arbeite" → „Ich schreibe ein Kapitel, das Menschen berührt."
Statt „Ich räume auf" → „Ich schaffe Raum für Klarheit."
Fokus beginnt mit **Sinn.**

**2. Schalte alles aus. Ja, alles.**
Nicht stumm.
Nicht „nur kurz offen lassen".
AUS.
Mach den Raum still – damit du laut wirst.

**3. Erinnere dich regelmäßig: Ich darf langsam sein.**
Denn Tiefe braucht **Tempoverlust.**

---

**Teil 2: Stille – der unterschätzte Ort deiner Kraft**

Stille ist kein Mangel.
Sie ist kein leeres Nichts.
Sie ist **der Raum, in dem alles beginnt.**

Doch wir fürchten sie.
Weil wir darin auf uns selbst treffen.
Weil sie keine Unterhaltung bietet.
Weil sie uns die Frage stellt:
*„Kannst du mit dir sein – ohne Ablenkung?"*

Aber wer diese Frage bejaht,
hat den Schlüssel zur Freiheit in der Hand.

Denn aus der Stille entstehen:
– echte Gedanken
– echte Gefühle
– echte Klarheit

Stille ist kein Feind.
Sie ist **die Sprache deines Innersten.**
Und je mehr du sie zulässt,
desto mehr wirst du hören,
was du wirklich brauchst.
Was du wirklich bist.
Was du wirklich willst.

---

**Stille praktizieren heißt:**

– 5 Minuten täglich: Kein Input. Nur sein.
– Im Auto: Kein Radio. Nur Atmen.
– In Gesprächen: Pausen aushalten. Nichts müssen.
– Beim Warten: Kein Handy. Nur Gegenwart.

Denn in der Stille begegnet dir das,
was durch Lautstärke immer überdeckt wird:
**Du.**

## Teil 3: Echte Verbindung – nicht durch WLAN, sondern durch Präsenz

Wir sind nicht dafür gemacht, **ständig** verbunden zu sein –
aber wir sind dafür gemacht, **tie**verbunden zu sein.
Nicht breit – tief.
Nicht oft – echt.

Doch in einer Welt voller Kontakte haben viele keine
Beziehung.
In einer Welt voller Kommentare fehlt das Gespräch.
In einer Welt voller Stories fehlt die Geschichte **zwischen
zwei Menschen.**

**Echte Verbindung ist selten geworden –
aber sie ist das Kostbarste, dass du geben kannst.**

---

## Was echte Verbindung braucht:

### 1. Präsenz
Nicht Multitasking. Kein Nebenbei.
Sondern *da sein*. Mit Blick. Mit Gefühl. Mit Offenheit.

### 2. Langsamkeit
Tiefe entsteht nicht in Hektik.
Sie entsteht in der Bereitschaft, bei einem Thema zu bleiben,
bei einem Menschen zu verweilen.

### 3. Verletzlichkeit

Sag: „Ich weiß es nicht."

Sag: „Ich fühle mich gerade klein."

Sag: „Ich hätte dich gebraucht."

Echte Verbindung entsteht **da, wo du dich zeigst.**

---

## Übung für mehr Verbindung im Alltag:

– Sprich mit einem Menschen 10 Minuten – ohne
Unterbrechung.

– Sieh jemandem 30 Sekunden in die Augen – ohne Worte.

– Frag nicht: „Wie geht's?" Frag:

– „Was bewegt dich gerade?"

– „Was brauchst du heute wirklich?"

Diese Fragen verändern keine Welt –
aber sie öffnen ein Herz.
Und das reicht.
Denn wenn du ein Herz berührst,
hast du alles erreicht, was zählt.

## Fazit: Fokus. Stille. Verbindung.

Drei einfache Dinge.
Drei vergessene Wege.
Drei Schlüssel zu einem Leben,
das sich nicht nach Leistung anfühlt,
sondern nach **Leben.**

Und sie alle beginnen **offline.**

# Kapitel 20: Neue Lebensqualität jenseits des Displays

**Wie du dein Leben neu gestaltest – frei, klar und lebendig**

**Teil 1: Warum wir überhaupt zurückwollen**

Was ist es eigentlich, das uns antreibt, „offline" zu gehen?
Was macht diesen Wunsch so stark – trotz aller Vorteile der
digitalen Welt?

Es ist nicht der Wunsch nach Verzicht.
Es ist der Wunsch nach **Tiefe. Nach Sinn. Nach Echtheit.**

Denn irgendwo in dir gibt es diesen stillen Ruf:
*„Ich will nicht nur funktionieren. Ich will fühlen."*
*„Ich will nicht nur sichtbar sein. Ich will sein."*

Und dieser Wunsch ist nicht naiv – er ist **gesund.**
Denn dein Nervensystem, dein Körper, dein Herz wissen
längst,
dass ein „immer online" dich nicht lebendig macht.
Sondern hohl.
Überladen.
Zerrissen.

**Lebensqualität ist nicht, was du besitzt.**
Sie ist, wie du **in dir** wohnst.
Wie du fühlst.
Wie du wahrnimmst.
Wie du entscheidest.

Und das alles beginnt,
wenn du dich **wieder von der digitalen Welt entkoppelst –
innerlich.**

**Neue Lebensqualität bedeutet: Du wählst.**

- Du wählst, **wann** du online gehst – und wann nicht.

- Du wählst, **was** du konsumierst – und was nicht.

- Du wählst, **wen** du in dein Leben lässt – und wen nicht.

- Du wählst, **worauf** du deine Energie richtest – und worauf nicht.

Das ist kein Rückschritt.
Das ist der **modernste Akt der Selbstermächtigung.**

---

**Teil 2: Wie sieht ein Leben jenseits des Displays konkret aus?**

Hier kommt keine Idealwelt.
Hier kommt dein **neuer, realistischer Alltag** – kraftvoll, klar, erfüllt:

---

**1. Du beginnst deinen Tag mit dir – nicht mit deinem Feed**

Keine Reizüberflutung beim Aufwachen.
Stattdessen: Licht. Atmen. Klarheit.
Du kommst in deinen Rhythmus – nicht in den des Algorithmus.
**Ergebnis:** Du bist bei dir, bevor dich die Welt berührt.

## 2. Du nimmst Unterbrechungen nicht mehr als normal hin

Du schützt deinen Fokus.
Du bist erreichbar, **wenn du bereit bist** – nicht, wenn das Gerät ruft.
Du trainierst deine Fähigkeit, **nicht sofort zu reagieren.**
**Ergebnis:** Du wirst innerlich ruhiger – äußerlich effektiver.

---

## 3. Du gestaltest deine Zeit nach Prioritäten – nicht nach Reizen

Du planst Pausen ein.
Du blockst Fokuszeiten.
Du wählst bewussten Input – statt Dauerdröhnen.
**Ergebnis:** Du hast mehr Zeit, obwohl du „weniger" tust.

---

## 4. Du entwickelst echte Begegnungen

Keine Gespräche nebenbei.
Keine Verbindungen aus Likes.
Sondern: echte Tiefe.
Offenheit. Zuhören. Präsenz.
**Ergebnis:** Du fühlst dich gesehen – nicht bewertet.

---

## 5. Du vertraust deinem Gefühl – statt Algorithmen

Du liest Bücher.
Du schreibst wieder mit der Hand.
Du entscheidest dich bewusst gegen Vergleich.

Du bist zufrieden, **ohne ständig zu wissen, was andere tun.**
**Ergebnis:** Du kommst zurück zu deinem inneren Kompass.

### 6. Du entwickelst ein echtes Verhältnis zur Zeit

Du hetzt nicht mehr.
Du verankerst dich.
Du atmest.
Du spürst, wann du Pausen brauchst – und erlaubst sie dir.
**Ergebnis:** Du lebst **im Rhythmus des Lebens – nicht im Takt der Maschine.**

---

### Teil 3: Der wahre Luxus von heute – innere Freiheit

Es geht nicht darum, analog zu leben wie 1995.
Es geht darum, **bewusst** zu leben – im Jahr 2025.
Mit allem, was die Welt bietet –
aber aus einer Position der Klarheit.

Offline zu sein heißt nicht, „raus zu sein".
Es heißt:
– Ich entscheide wieder.
– Ich verbinde mich wieder.
– Ich vertraue mir wieder.

Das ist der neue Reichtum.
Die neue Stärke.
Das neue Lebensgefühl.

**Nicht durch Apps, sondern durch Atem.**
**Nicht durch Klicks, sondern durch Kontakt.**
**Nicht durch Likes, sondern durch Liebe.**

**Und jetzt?**

Du bist bereit.

Für ein Leben, das dir gehört.
Für Entscheidungen, die aus dir kommen.
Für ein Sein, das nicht sendet – sondern spürt.

Denn **Offline ist nicht das Ende –**
**es ist der Anfang deiner echten Gegenwart.**

# Teil 5 – Strategien für den Alltag

## Kapitel 21: Dein 7-Tage-Digital-Reset-Plan

**Eine Woche, die dein Verhältnis zur digitalen Welt dauerhaft verändert**

**Teil 1: Warum 7 Tage reichen können – und zugleich alles verändern**

Du brauchst keine monatelange Auszeit in einer Hütte im Wald.
Du brauchst keine teuren Silent-Retreats, keine Digital-Sabbats, keine ideologischen Verzichtsprogramme.
Was du brauchst, ist eine **bewusste, strukturierte, machbare Woche.**

7 Tage.
Jeder mit einem klaren Fokus.
Jeder mit einer Übung.
Jeder mit Raum zum Nachspüren.

**Warum 7 Tage?**
Weil dein Nervensystem dann beginnt, sich neu zu orientieren.
Weil du dann die ersten echten Entzugserscheinungen **überwindest** – und den echten Nutzen **spürst.**
Weil du dann nicht nur darüber nachdenkst, offline zu sein – sondern **es geworden bist.**

## Teil 2: Der Plan – Tag für Tag zur inneren Freiheit

---

### Tag 1: Der große Start – Klarheit schaffen

**Fokus:** Was ist gerade? Wo stehe ich?

**Aufgaben:**
– Schreibe handschriftlich auf: *Wie viel Zeit verbringe ich täglich online – und wie viel davon nährt mich wirklich?*
– Deaktiviere alle **nicht notwendigen** Push-Benachrichtigungen.
– Beobachte: Wie oft greife ich aus Reflex zum Handy?

**Reflexion am Abend:**
– *Was habe ich gespürt, wenn ich nicht sofort reagieren musste?*
– *Wie leer oder voll war mein Geist heute?*

---

### Tag 2: Bildschirmfreie Morgenroutine

**Fokus:** Wie starte ich meinen Tag – mit mir oder mit der Welt?

**Aufgaben:**
– Kein Display in der ersten **Stunde** nach dem Aufwachen.
– Stattdessen: Atmen. Aufschreiben. Bewegen. In den Tag kommen.
– Trinke Wasser, lies ein paar Seiten in einem echten Buch oder geh 10 Minuten spazieren.

**Reflexion:**

*– Wie hat sich mein Start verändert?*

*– War ich klarer, ruhiger, wacher – oder unruhig?*

---

## Tag 3: Fokus-Zeitblock einführen

**Fokus:** Wie fühlt es sich an, wenn ich bei einer Sache bleibe?

**Aufgaben:**

– Plane eine Stunde Fokuszeit (z. B. Arbeit, kreatives Projekt, Putzen – aber ohne Unterbrechung!).

– Kein Handy, keine Tabs, keine Musik. Nur du und die Aufgabe.

– Stoppe die Zeit – und bleib dran.

**Reflexion:**

*– Wie stark war mein Wunsch, zu unterbrechen?*

*– Was habe ich anders wahrgenommen in dieser Tiefe?*

---

## Tag 4: Digitale Diät – Halbtages-Entzug

**Fokus:** Ich bestimme, wann ich erreichbar bin.

**Aufgaben:**

– Verbringe **einen halben Tag** (z. B. von 14 bis 20 Uhr) komplett offline.

– Kein Handy. Kein Laptop. Kein Fernsehen.

– Finde 3 Offline-Aktivitäten, die dich nähren: Spaziergang, Kochen, ein Gespräch, Malen, Schlafen.

**Reflexion:**
– *Was ist mir wirklich abgegangen – und was gar nicht?*
– *Was habe ich über mein Bedürfnis nach Ablenkung gelernt?*

---

## Tag 5: Beziehungstag – echte Verbindung

**Fokus:** Ich höre wieder zu – ohne Bildschirm dazwischen.

**Aufgaben:**
– Führe ein Gespräch ohne Handy in Reichweite.
– Höre zu. Stelle Fragen. Mach Pausen.
– Iss mit einem Menschen gemeinsam – ganz präsent. Kein TV, keine Ablenkung.

**Reflexion:**
– *Wie war es, ganz da zu sein?*
– *Was hat sich im Miteinander verändert?*

---

## Tag 6: Stiller Tag – Reizreduktion

**Fokus:** Ich lade meine Innenwelt wieder auf.

**Aufgaben:**
– Verzichte den ganzen Tag auf:
– Social Media
– News
– Serien
– Podcasts
– Höre stattdessen **Stille**. Atme. Lies analog. Schreib.
– Gönn dir Leerlauf – ganz bewusst.

**Reflexion:**
– *Wann wurde es unbequem – und was kam dann?*
– *Was war am Ende des Tages anders als sonst?*

---

### Tag 7: Neuausrichtung – Wie möchte ich weiterleben?

**Fokus:** Ich entscheide neu – bewusst und dauerhaft.

**Aufgaben:**
– Reflektiere: *Welche digitalen Gewohnheiten will ich ganz loslassen?*
– Formuliere 3 konkrete Regeln für deinen Alltag (z. B. „kein Handy im Bett", „1 Tag/Woche offline", „Push-Nachrichten dauerhaft aus").
– Wähle eine neue Offline-Gewohnheit, die du beibehältst.

**Abschluss:**
– *Schreibe einen Brief an dich selbst in 30 Tagen: Was willst du dir erhalten? Was hast du gelernt?*

---

### Teil 3: Fazit – Eine Woche, die dein Innerstes berührt

Du bist nicht offline gegangen, um zu verzichten.
Du bist offline gegangen, um dich **zurückzuholen.**

Diese 7 Tage zeigen dir, dass du deine digitale Welt gestalten kannst –
nicht mit Härte, sondern mit Bewusstsein.
Nicht mit Verboten, sondern mit Verbindung.
Nicht gegen die Technik – sondern **für dich.**

Und jetzt?
Jetzt beginnt der Alltag – mit neuen Augen.
Mit neuer Tiefe.
Mit mehr Leben **hinter dem Display.**

# Kapitel 22: 10 Regeln für digitale Balance im Familienalltag

**Wie ihr als Familie präsent, verbunden und bewusst bleibt – trotz aller Bildschirme**

**Teil 1: Warum Familien digitale Klarheit brauchen**

Kinder lernen nicht, wie man mit Medien umgeht –
sie **kopieren**, wie ihre Eltern es tun.

Wenn wir selbst ständig abgelenkt sind,
wenn das Handy auf dem Tisch liegt, während wir „zuhören",
wenn wir beim Reden auf den Bildschirm schauen,
dann lernen Kinder etwas – ganz egal, was wir sagen:

**„Aufmerksamkeit ist teilbar. Nähe ist optional."**

Und das prägt.
Es prägt ihr Nervensystem. Ihre Vorstellung von Beziehung.
Ihr Selbstwertgefühl.

Deshalb ist digitale Balance **kein Luxus**,
sondern **Schutzraum für Entwicklung.**

Und es geht dabei **nicht um Kontrolle**,
sondern um **Klarheit. Haltung. Vorbild.**

**Teil 2: Die 10 wichtigsten Regeln – liebevoll, alltagstauglich, konsequent**

## Regel 1: Kein Handy beim Essen – niemals

Essen ist Verbindung.
Wenn wir gemeinsam am Tisch sitzen, reden, lachen, schweigen –
dann geschieht Bindung.

Das Handy hat dort keinen Platz.
Nicht als Uhr. Nicht als Unterhaltung. Nicht „nur kurz".

**Signal an die Kinder:** *„Du bist mir gerade wichtiger als alles andere."*

---

## Regel 2: Handyfreie Zonen in der Wohnung

Bestimme 2–3 Orte, die grundsätzlich **digitalfrei** sind, z. B.:

– Schlafzimmer
– Kinderzimmer
– Badezimmer
– Esstisch

**Warum?**
Weil Rituale Räume brauchen.
Weil Schutz spürbar wird – wenn man ihn baulich sichtbar macht.

## Regel 3: Gemeinsamer „Offline-Zeitblock" am Tag

Jeden Tag eine feste Stunde:
- Kein Fernseher
- Kein Handy
- Kein Tablet

Stattdessen:
- Spielen
- Vorlesen
- Musik hören
- Rausgehen

**Tipp:** Diese Stunde sollte für Kinder **vorhersehbar** sein – das schafft Sicherheit.

---

## Regel 4: Das Kind bekommt nicht, was wir selbst nicht loslassen können

Wenn wir dauernd „nur kurz" aufs Handy schauen, aber dem Kind erklären, es soll nicht zu lange schauen, entsteht Widerspruch.

**Kinder brauchen kein „digitale Perﬁektion" der Eltern.**
Aber sie brauchen **Kohärenz.**
Also: lieber ehrlich sein. Und dann: gemeinsam üben.

## Regel 5: Bildschirmzeiten offen und gemeinsam definieren

Sprecht als Familie darüber:
– Wann darf geschaut werden?
– Wie lange?
– Warum diese Grenze?

Und: **Verlässlichkeit ist wichtiger als Strenge.**
Was zählt, ist Konsistenz – nicht ständiges Neuanpassen.

---

## Regel 6: Vor dem Schlafen ist digital tabu – für alle

Mindestens eine Stunde vor dem Schlafen:
– Kein Tablet
– Kein Handy
– Kein Fernsehen

Stattdessen:
– Licht dimmen
– Vorlesen
– Kuscheln
– Ruhe zulassen

**Warum?**
Weil Schlafregeneration **Nervensystemhygiene** ist – für Kinder wie für Eltern.

## Regel 7: Digitalfreie Ausflüge – bewusst geplant

Einmal pro Woche:
Ein Ausflug ohne Technik.
– Spaziergang
– Picknick
– Wald
– Spielplatz
– Museum

Handy bleibt im Auto oder ganz zuhause.

**Ziel:** Erinnerung schaffen – **nicht dokumentieren.**

---

## Regel 8: Vorleben statt Verbieten

Kinder brauchen kein Verbot,
sie brauchen ein **Gefühl dafür, was ihnen guttut.**

Also:
– Sprich über dein eigenes Nutzungsverhalten.
– Sag auch mal: *„Ich bin heute zu viel am Handy gewesen – morgen wird's weniger."*
– Lass sie sehen, wie du auch mal **bewusst abschaltest.**

Das verändert alles.

## Regel 9: Keine digitale Ablenkung bei Konflikten

Wenn es Streit gibt,
wenn ein Kind weint, trotzt, schreit –
kein Bildschirm als Beruhigung.

**Warum?**
Weil Regulation durch Beziehung geschieht – nicht durch
Reiz.
Weil wir sonst lernen: *„Gefühle werden weggeschoben –
nicht gehalten."*

## Regel 10: Die wichtigste Regel von allen: Fehler sind okay

Ihr werdet es nicht perfekt machen.
Es wird Momente geben, wo der Bildschirm „hilft".
Es wird Tage geben, wo alle zu viel schauen.

**Aber es gibt immer: den nächsten Moment.**
**Die nächste Entscheidung.**
**Die nächste Rückverbindung.**

Und darum geht's: **Nicht um Perfektion – sondern um
Präsenz.**

**Teil 3: Fazit – Digital balance begins with you**

Familienleben braucht heute mehr als Regeln.
Es braucht Bewusstsein.
Es braucht Rituale.
Und es braucht den Mut zu sagen:

**„Wir gehen nicht jeden digitalen Weg mit –
wir schaffen unseren eigenen Raum.**
Für Verbindung. Für Tiefe. Für echtes Zusammensein."

Und das ist nicht anti-digital.
Das ist **radikal liebevoll.**

# Kapitel 23: 20 Mikro-Impulse für ein starkes Offline-Leben

**Kleine Entscheidungen, die dich zurück in die Gegenwart holen**

**Teil 1: Warum Mikro-Impulse die heimlichen Gamechanger sind**

Du brauchst nicht jeden Tag einen Detox.
Du brauchst nicht jeden Sonntag offline zu verbringen.
Was du brauchst, ist ein System aus **Mini-Entscheidungen**,
die sich in dein Leben schmiegen – statt es zu dominieren.

Denn Veränderung geschieht **nicht in Extremen**.
Sie geschieht in **Wiederholung.**

Mikro-Impulse sind genau das:
**kleine, klare Handlungen,**
die dich jedes Mal **ein bisschen näher zu dir selbst holen.**

Sie helfen dir,
– fokussierter zu sein,
– gegenwärtiger zu leben,
– dich seltener zu verlieren,
– dich schneller wiederzufinden.

## Teil 2: Die 20 Mikro-Impulse – Alltag, Präsenz, Veränderung

---

### 1. Beim Warten – warte

Halte beim Supermarkt nicht dein Handy vors Gesicht.
Stattdessen: Atme. Schau. Sei da.

---

### 2. Geh ohne Ziel spazieren

Kein Tracking. Kein Podcast. Kein Foto.
Nur du und der Weg.

---

### 3. Schalte alle Töne aus – dauerhaft

Vibration reicht. Ruhe stärkt.
Der ständige Ton raubt deinem System mehr Energie, als du ahnst.

---

### 4. Lies 2 Seiten in einem echten Buch – täglich

Es geht nicht um Menge. Es geht um **Gewohnheit.**
Lesen verbindet dich mit Tiefe.

---

### 5. Verändere deinen Blick

Sitz an einem neuen Platz.
Geh eine andere Strecke.
Sieh das Gewohnte mit neuen Augen.

## 6. Schreib eine Notiz mit der Hand

Nicht in der App. Nicht als Liste.
Handschrift verbindet Herz, Hirn und Körper.
Ein Gedanke. Ein Satz. Ein Gefühl.

---

## 7. Sieh einem Menschen bewusst ins Gesicht

Im Gespräch – nur für ein paar Sekunden länger.
Ohne Eile.
Diese Sekunde heilt.

---

## 8. Stell dein Handy nachts in einen anderen Raum

Keine Reichweite. Kein Griff im Halbschlaf.
Der Schlaf wird tiefer – garantiert.

---

## 9. Ersetze Scrollen mit etwas Sinnlichem

– Ein Duftöl
– Ein Lieblingslied
– Ein Kissen aufschütteln
– Deine Hand auf dein Herz legen

Erleb dich. Jetzt.

---

## 10. Öffne ein Fenster – und tu nichts

Kein Ziel. Kein Output. Nur:
Luft. Klang. Himmel. Moment.

## 11. Sag laut: „Ich bin da."

3 einfache Worte – laut gesprochen.
Für dich. Für dein Nervensystem.
Das verankert dich.

---

## 12. Räume eine Lade ganz analog auf

Ohne Musik. Ohne Podcast. Ohne TikTok nebenbei.
Nur du, die Dinge – und ihre Ordnung.
Das beruhigt dein System enorm.

---

## 13. Iss 3 Bissen langsam – täglich

Nur 3. Bewusst. Kauen. Schmecken.
Essen wird wieder Nahrung – nicht nur Kalorie.

---

## 14. Berühr deinen Körper achtsam

– Deinen Nacken
– Deine Schultern
– Deinen Bauch

Nicht funktional. Nicht kritisch.
Nur um zu sagen: *„Ich bin hier."*

---

## 15. Sag jemandem: „Ich hab grad Zeit für dich."

Ohne Ablenkung. Ohne Nebenbei.
Dieses Angebot ist heute ein Geschenk.

## 16. Mach beim Reden eine Pause

2–3 Sekunden Stille im Gespräch.
Nichts Falsches sagen.
Einfach nur: Präsenz entstehen lassen.

---

## 17. Schließe deine Apps – ganz bewusst

Einmal am Tag: Alles schließen.
Sichtbar.
Und dann 1 Minute bewusst nichts tun.

---

## 18. Geh abends einmal ohne Handy in einen anderen Raum

Nur du – und was auch immer auftaucht.
Gedanken. Gefühle. Langeweile. Ruhe.

---

## 19. Frage dich: „Was will ich jetzt wirklich fühlen?"

Vor dem Griff zum Handy.
Vor dem Klick.
Vor dem nächsten Reiz.

Diese Frage kann alles verändern.

---

## 20. Lege heute eine Sache weg, die du sonst „brauchst"

– Die Fernbedienung
– Das Tablet
– Das zweite Display

Und dann spür, was passiert.
Nicht als Verbot – sondern als **Einladung zur Tiefe.**

---

### Teil 3: Fazit – Kleine Dinge. Große Rückkehr.

Du musst nicht alles gleichzeitig ändern.
Aber du kannst **jetzt** damit anfangen, dich zurückzuholen.

Und jedes Mal, wenn du einen dieser Impulse bewusst wählst,
sagst du deinem Innersten:
**„Ich bin wichtig. Ich bin wach. Ich bin da."**

Und genau das macht dich stark.
**Offline. Echt. Verbunden.**

## Kapitel 24: Was du Kindern heute wirklich vorleben musst

**Wie du in einer digitalen Welt Orientierung gibst – nicht durch Regeln, sondern durch Haltung**

**Teil 1: Kinder brauchen keine perfekten Eltern – sie brauchen präsente**

Kinder beobachten nicht, was du sagst.
Sie beobachten, **wer du bist, wenn keiner hinschaut.**

Und in einer Welt, in der man ständig beobachtet, bewertet, vergleicht,
ist das vielleicht die wichtigste Botschaft für dich als Mutter, Vater, Bezugsperson:

**Dein Kind braucht kein screenfreies Superleben.**
**Es braucht dich – in deiner echten, anwesenden, fühlbaren Form.**

Denn digitale Balance ist kein Erziehungsthema.
Es ist ein **Bindungsthema.**
Ein Präsenzthema.
Ein Nervensystemthema.

---

**Was Kinder heute in dir sehen (und was sie daraus machen)**

– Wenn du beim Sprechen aufs Handy schaust:
*„Ich bin nicht so wichtig wie das, was dort ist."*

– Wenn du unruhig wirst, weil du nicht checken kannst:
*„Erwachsene können Langeweile nicht aushalten – ich auch nicht."*

– Wenn du beim Spielen aufs Display schielst:
*„Ich bin nur halb interessant."*

– Wenn du sagst: *„Jetzt reicht's mit Bildschirm!"* –
aber selbst weiter durchscrollst:
*„Regeln gelten nicht für alle gleich."*

Diese Botschaften graben sich **nicht in den Kop** des Kindes –

sie graben sich ins **Herz.**

Und irgendwann, wenn das Kind selbst erwachsen ist,
wird es unbewusst genau das weitertragen:
Wie viel Fokus es sich selbst wert ist.
Wie viel Verbindung es zulässt.
Wie still es sein darf, ohne sich verloren zu fühlen.

---

**Teil 2: 10 Dinge, die Kinder heute wirklich von dir lernen müssen**

**1. Wie sich echte Präsenz anfühlt**

Wenn du ganz da bist –
mit Blick, mit Berührung, mit Atem –,
lernt dein Kind:
**„Ich bin spürbar. Und ich bin wichtig."**

## 2. Dass Stille nicht gefährlich ist

Wenn du nicht sofort das Radio anschaltest,
nicht sofort das Handy zückst,
lernt dein Kind:
**„Ich darf in mir sein – und das reicht."**

---

## 3. Wie man mit Emotionen bleibt

Wenn du nicht flüchtest vor deinem Ärger, deiner Müdigkeit,
deiner Erschöpfung –
sondern sie benennst, fühlst, aushältst –
lernt dein Kind:
**„Gefühle dürfen da sein. Ich muss sie nicht betäuben."**

---

## 4. Dass Langeweile ein Geschenk ist

Wenn du nicht sofort Unterhaltung anbietest,
nicht ständig Programm machst,
lernt dein Kind:
**„In mir entsteht etwas – wenn außen nichts passiert."**

---

## 5. Dass Menschen wichtiger sind als Maschinen

Wenn du das Handy zur Seite legst,
weil es dir wichtiger ist, zuzuhören,
lernt dein Kind:
**„Beziehung geht vor Reaktion."**

### 6. Wie es sich anfühlt, gebraucht zu werden

Wenn du dein Kind aktiv einbeziehst – beim Kochen, beim
Entscheiden, beim Mitfühlen –,
lernt es:
**„Ich habe Bedeutung – nicht nur als Konsument."**

---

### 7. Wie du deinen Körper achtest

Wenn du schläfst, wenn du Pausen machst, wenn du
genussvoll isst,
lernt dein Kind:
**„Ich darf mich selbst lieben – und für mich sorgen."**

---

### 8. Dass man nicht alles teilen muss

Wenn du besondere Momente **nicht** fotografierst,
sie einfach nur erlebst,
lernt dein Kind:
**„Das Wertvollste gehört nur mir – nicht der Welt."**

---

### 9. Wie man Nein sagt – auch zu Reizen

Wenn du bewusst abschaltest,
nicht immer erreichbar bist,
lernt dein Kind:
**„Ich darf Grenzen setzen – sogar gegenüber der Welt."**

## 10. Dass Nähe wichtiger ist als Perfektion

Wenn du da bist – auch mit Fehlern, mit Unruhe, mit Unvollkommenheit –,
lernt dein Kind:
**„Ich muss nicht perfekt sein, um geliebt zu werden. Ich muss echt sein."**

---

## Teil 3: Die Zukunft beginnt nicht in einem neuen Gerät – sondern in dir

Unsere Kinder brauchen keine bessere Technik.
Sie brauchen **bessere Vorbilder für Tiefe. Für Rhythmus. Für sich selbst.**

Denn die digitale Welt wird bleiben.
Sie wird sich weiterentwickeln.
Aber unsere Fähigkeit, **mit ihr bewusst umzugehen,**
wird den Unterschied machen – für eine Generation,
die schon heute mehr Bildschirmzeit kennt als Berührungen.

Deshalb:
**Lebe die Verbindung vor,
die du dir für dein Kind wünschst.**

Nicht perfekt.
Nicht jeden Tag.
Aber **ehrlich.**

Denn das bleibt.
**Nicht das, was du geteilt hast – sondern das, was du geteilt hast, ohne es zu posten.**

# Teil 6: Die große Rückkehr – Offline wird dein neues Zuhause

## Kapitel 25: Die neue Identität – Ich bin nicht erreichbar. Und das ist gut so

**Wie dein „Nein" zur ständigen Verfügbarkeit zum „Ja" für dein echtes Leben wird**

Es beginnt mit einem scheinbar kleinen Satz:
*„Ich bin nicht erreichbar."*

Und doch verändert dieser Satz alles.
Denn er sagt:

– Ich gehöre mir.
– Ich bestimme den Takt.
– Ich bin nicht verfügbar für alles – sondern für das, was zählt.

In einer Welt, die dich ständig „on" will,
ist **Unerreichbarkeit** kein Rückzug –
sondern **Selbstachtung.**

---

### Erreichbarkeit als Sucht

Wir glauben oft, „erreichbar sein" sei gleichbedeutend mit:
– verantwortungsvoll
– sozial
– freundlich
– leistungsbereit

Doch oft steckt etwas ganz anderes dahinter:

– Angst, etwas zu verpassen
– Angst, nicht zu genügen
– Angst, jemandem nicht zu gefallen

Ständige Erreichbarkeit ist keine Stärke –
sie ist oft ein Versuch, sich unersetzlich zu machen.
Doch du musst nicht immer verfügbar sein,
um wertvoll zu sein.

---

**Was passiert, wenn du bewusst „nicht antwortest"**

Du wirst anfangs innerlich unruhig sein.
Vielleicht hast du Schuldgefühle.
Vielleicht denkst du, du enttäuschst jemanden.

Aber dann – irgendwann – geschieht etwas Magisches:

– Du fühlst mehr Raum.
– Du denkst klarer.
– Du spürst wieder, worauf du wirklich Lust hast.
– Du bekommst wieder Kontrolle über deine Energie.

Und plötzlich merkst du:
**Deine Zeit gehört dir wieder.**

**Du brauchst keine Ausrede – du brauchst eine Entscheidung**

Sag dir selbst:

– *Ich darf mein Handy auf Flugmodus stellen – auch tagsüber.*
– *Ich muss nicht sofort antworten – auch bei WhatsApp*

133

*nicht.*

*– Ich bin nicht verpflichtet, jederzeit erreichbar zu sein – weil ich ein Mensch bin, kein Dienstleister.*

Das ist kein Egoismus.
Das ist mentale Hygiene.

## Fazit: Deine neue Identität

Du wirst nicht „weniger" durch weniger Reaktion.
Du wirst **klarer. Wahrhaftiger. Eigensinniger.**

Unerreichbar für den Lärm.
Erreichbar für das, was dich erfüllt.

Das ist keine Phase.
Das ist **deine Rückkehr.**

# Kapitel 26: Dein Leben in Echtheit – Wie du bleibst, auch wenn es wieder laut wird

**Wie du den Rückfall vermeidest und deine neue innere Welt schützt**

## 1. Das Problem: Die Welt wird nicht leiser

Du hast dich verändert.
Du hast erlebt, wie heilsam Stille ist, wie befreiend Unerreichbarkeit,
wie erfüllend Fokus.
Aber das Außen bleibt laut.

– Die Nachrichten bleiben schrill.
– Die Apps bleiben klug.
– Die Menschen bleiben ungeduldig.

Und der Alltag wird dich prüfen.
Wird fragen:
*„War das nur eine Phase – oder bist du wirklich zurückgekehrt?"*

## 2. Was jetzt zählt: Rituale statt Vorsätze

Es wird nicht dein Wille sein, der dich hält.
Sondern deine **Struktur.**

Baue dir ein System, das dich **auffängt**, wenn du wieder abgleiten willst.
Zum Beispiel:

– **Montags kein Social Media**
– **Täglich eine „Stille-Zone"** (z. B. Frühstück, Bad, Abend)

– „Fokus-Freitag" – ein Tag ohne Meetings, nur für Deep Work
– „Digital Sunset" – ab 20 Uhr keine Displays mehr

**Diese Rituale machen dich stabil – auch wenn es außen stürmt.**

---

### 3. Deine Umgebung wird dich irritieren

Du wirst hören:

– *„Du bist ja gar nicht mehr erreichbar."*
– *„Warum meldest du dich nicht sofort?"*
– *„Du hast das noch nicht gesehen?!"*

Das ist normal.
Die Welt ist es nicht gewohnt, dass jemand **bewusst lebt.**
Aber erinnere dich:
**Du hast nicht deine Erreichbarkeit verändert – du hast deine Würde zurückgeholt.**

---

### 4. Echte Menschen werden dich erkennen

Du wirst merken:
Die richtigen Menschen verstehen dich.
Sie spüren:
– Du bist **mehr da.**
– Du hörst **tiefer zu.**
– Du gibst **mehr Halt.**

Und du wirst anfangen, neue Kontakte zu knüpfen – nicht über Inhalte, sondern über **Werte.**

## 5. Rückfälle sind keine Niederlagen

Du wirst wieder scrollen.

Du wirst wieder feststecken.

Du wirst dich wieder verlieren.

Aber du wirst auch schneller zurückfinden.

Denn du weißt jetzt, wie es sich anfühlt, **wirklich du zu sein.**

Und das kannst du nicht mehr vergessen.

Du bist nicht mehr im Rausch.

Du bist **wach.**

---

## 6. Dein Leitsatz für den Lärm

Wenn es wieder laut wird, sag dir:

**„Ich darf langsamer sein. Ich darf weniger tun. Ich darf bei mir bleiben."**

Sag es wie ein Mantra.

Schreib es auf einen Zettel.

Sprich es laut aus, wenn du schwankst.

Dieser Satz schützt dich.

---

## Fazit: Du musst nicht perfekt sein. Du musst nur ehrlich bleiben.

Du bist kein digitaler Mönch.

Du bist ein Mensch in einer echten Welt.

Und du hast jetzt Werkzeuge.

Haltung. Tiefe.

Das reicht.

# Kapitel 27: Der stille Sieg – Was du gewonnen hast, ohne es zu merken

**Die unsichtbaren Früchte deiner Rückkehr ins echte Leben**

Du hast dieses Buch vielleicht in der Hoffnung begonnen, etwas zu verändern.
Etwas zu verstehen. Etwas loszulassen.

Doch während du gelesen hast, ist **mehr passiert, als du siehst.**
Denn die wahre Transformation geschieht **nicht laut.**
Nicht sofort. Nicht spektakulär.
Sondern still. Nachhaltig. Innerlich.

---

**Was du gewonnen hast – ohne es vielleicht bewusst zu merken**

**1. Du hast deinen inneren Raum zurückerobert.**
Wo vorher nur Reaktion war, ist jetzt ein Moment der Wahl.
Ein Atemzug. Eine Entscheidung. Eine Grenze.

**2. Du hast gelernt, dich selbst wieder zu spüren.**
Nicht durch Apps. Nicht durch Feedback.
Sondern durch Stille, durch Berührung, durch Gegenwart.

**3. Du hast neue Maßstäbe gesetzt.**
Nicht: „Wie viel mache ich?"
Sondern: „Wie tief bin ich dabei?"
Nicht: „Wie viel sehe ich?"
Sondern: „Was lasse ich wirklich in mich hinein?"

## 4. Du hast deine Energie zurückgeholt.

Du bist nicht mehr zersplittert.

Du sammelst dich.

Und genau daraus entsteht **Kraft.**

## 5. Du hast Beziehung neu definiert.

Nicht als Chatverlauf, sondern als Nähe.

Nicht als Dauerkontakt, sondern als **Echtheit.**

---

## Und das Wertvollste?

Du hast dich erinnert.

An etwas, das nie ganz weg war.

Etwas, das immer still auf dich gewartet hat.

**Dich.**

Nicht die Version von dir, die funktionieren muss.

Nicht die, die sichtbar sein will.

Sondern die, die **lebt.**

Die langsam sein darf.

Die still sein darf.

Die genug ist.

---

## Denn das ist der stille Sieg:

Du bist zurück in deinem Leben.

Nicht perfekt.

Aber echt.

Und das reicht.

Mehr als jede Optimierung.

Mehr als jeder Algorithmus.

Mehr als jedes digitale Versprechen.

# Wusstest du schon? – 20 Fakten, die du nie mehr vergisst

1. Wusstest du schon, ...
... dass dein Gehirn bei jedem „Gefällt mir" denselben Dopaminkick bekommt wie beim Glücksspiel?
*Quelle: WebMD, 2025*

2. Wusstest du schon, ...
... dass Menschen, die täglich über 3 Stunden am Smartphone verbringen, ein doppelt so hohes Risiko für Depressionen aufweisen wie Wenignutzer?
*Quelle: Addiction Center, 2025*

3. Wusstest du schon, ...
... dass dein Gehirn nach nur 30 Sekunden App-Switching bis zu 23 Minuten braucht, um wieder in den vorherigen Fokus zurückzukehren?
*Quelle: Harvard Business Review, 2022*

4. Wusstest du schon, ...
... dass 30 Minuten weniger Handyzeit pro Tag nachweislich zu besserem Schlaf, weniger Stress und höherer

Lebenszufriedenheit führen – innerhalb von nur 2 Wochen?
*Quelle: NPR, 2025*

5. Wusstest du schon, ...
... dass Dopamin nicht bei Belohnung ausgeschüttet wird,
sondern bei Erwartung – und genau deshalb Social Media so
süchtig macht?
*Quelle: Medium, 2023*

---

6. Wusstest du schon, ...
... dass Push-Nachrichten deinen Cortisolspiegel erhöhen –
also dein Stresshormon – selbst wenn du sie nicht aktiv
wahrnimmst?
*Quelle: Santa Maria College, 2023*

---

7. Wusstest du schon, ...
... dass Kinder, deren Eltern oft aufs Handy schauen,
häufiger Sprachverzögerungen zeigen und weniger
Blickkontakt aufbauen?
*Quelle: Society for Research in Child Development, 2024*

---

8. Wusstest du schon, ...
... dass 85 % aller Menschen ihr Handy auch ohne
Benachrichtigung checken – aus reinem Impuls?
*Quelle: LSE Research, 2021*

---

9. Wusstest du schon, ...

... dass digitaler Reizkonsum abends deine Traumqualität reduziert? Du träumst oberflächlicher – und erholst dich schlechter.
*Quelle: Nature, 2022*

10. Wusstest du schon, ...

... dass die WHO exzessive Internetnutzung inzwischen als psychische Störung anerkennt – mit ähnlichen neurologischen Mustern wie bei Drogen?
*Quelle: WHO, 2018*

---

11. Wusstest du schon, ...

... dass Menschen, die mehr als 60 % ihrer Bildschirmzeit für soziale Netzwerke nutzen, sich im Schnitt einsamer fühlen – trotz „Verbindung"?
*Quelle: BMC Psychology, 2023*

---

12. Wusstest du schon, ...

... dass selbst eine halbe Stunde Natur – ohne Handy – messbar den Blutdruck senkt, die Atmung verlangsamt und das Immunsystem stärkt?
*Quelle: PMC, 2021*

---

13. Wusstest du schon, ...

... dass dein Gehirn multitasking-unfähig ist? Du denkst, du bist schnell – in Wahrheit springst du permanent, was

Energie kostet und Effizienz senkt.
*Quelle: American Psychological Association, 2021*

---

14. Wusstest du schon, ...
... dass mehr als 70 % der Menschen ihr Handy innerhalb von 5 Minuten nach dem Aufwachen nutzen – und damit direkt ihr Stresslevel erhöhen?
*Quelle: Forbes, 2021*

---

15. Wusstest du schon, ...
... dass ein Wochenende ohne Handy deine Gedächtnisleistung verbessert – besonders im Langzeitbereich?
*Quelle: NPR, 2025*

---

16. Wusstest du schon, ...
... dass echtes, stilles Zuhören (ohne digitale Ablenkung) deine Beziehungen nachhaltiger vertieft als jedes Paar-Coaching?
*Quelle: Frontiers in Psychology, 2023*

---

17. Wusstest du schon, ...
... dass ständiges Online-Sein dein Selbstwertgefühl untergräbt, weil du dich permanent unbewusst vergleichst?
*Quelle: PMC, 2023*

18. Wusstest du schon, ...

... dass dein Gehirn nach einer Woche Social-Media-Pause ruhiger, klarer, emotional stabiler arbeitet – und das messbar?
*Quelle: PMC, 2021*

19. Wusstest du schon, ...

... dass Dopamin-Fasten (also bewusster Reizverzicht) deine Lust auf echtes Leben, Berührung und Kreativität zurückbringt?
*Quelle: The Guardian, 2021*

20. Wusstest du schon, ...

... dass du gerade in diesem Moment mehr Fokus, Klarheit und innere Ruhe finden kannst – wenn du dieses Buch einfach kurz schließt und nur atmest?
*Quelle: Eigene Erfahrung und zahlreiche Achtsamkeitsstudien*

# Selbsttest: Wie abhängig bist du vom Handy & Co.?

**15 ehrliche Fragen – kein Urteil, nur Klarheit.**

Kreuze bei jeder Aussage an, was auf dich zutrifft:
**(a)** stimmt überhaupt nicht
**(b)** trifft eher nicht zu
**(c)** trifft eher zu
**(d)** trifft voll und ganz zu

---

1. Ich checke mein Handy oft, ohne zu wissen, was ich eigentlich wollte.
   [ ] a   [ ] b   [ ] c   [ ] d

2. Wenn ich mein Handy nicht finde, werde ich unruhig oder gereizt.
   [ ] a   [ ] b   [ ] c   [ ] d

3. Ich greife reflexhaft zum Handy, sobald mir langweilig wird.
   [ ] a   [ ] b   [ ] c   [ ] d

4. Ich habe das Gefühl, ohne mein Smartphone nichts zu verpassen.
   [ ] a   [ ] b   [ ] c   [ ] d

5. Ich habe schon mal den Überblick über meine Bildschirmzeit verloren.
   [ ] a   [ ] b   [ ] c   [ ] d

6. Ich nutze mein Handy manchmal beim Essen, Reden oder Fernsehen – gleichzeitig.

[ ] a  [ ] b  [ ] c  [ ] d

7. Ich fühle mich oft gestresst, wenn ich viele Nachrichten nicht direkt beantworten kann.

[ ] a  [ ] b  [ ] c  [ ] d

8. Ich vergleiche mich unbewusst mit Menschen, die ich online sehe.

[ ] a  [ ] b  [ ] c  [ ] d

9. Ich scrolle oft länger als geplant – obwohl ich „nur kurz schauen" wollte.

[ ] a  [ ] b  [ ] c  [ ] d

10. Ich merke, dass mir echte Ruhe unangenehm geworden ist.

[ ] a  [ ] b  [ ] c  [ ] d

11. Ich nutze mein Handy manchmal, um unangenehme Gefühle zu verdrängen.

[ ] a  [ ] b  [ ] c  [ ] d

12. Ich ertappe mich dabei, wie ich mein Handy einfach nur aus Gewohnheit in der Hand habe.

[ ] a  [ ] b  [ ] c  [ ] d

13. Ich habe in den letzten Monaten bewusst versucht, meine Nutzung zu reduzieren.

[ ] a  [ ] b  [ ] c  [ ] d

14. Ich fühle mich „getrieben", wenn ich länger offline bin.

[ ] a    [ ] b    [ ] c    [ ] d

15. Ich wünsche mir manchmal mehr echte Zeit – aber schaffe es nicht, mein Handy wegzulegen.

[ ] a    [ ] b    [ ] c    [ ] d

## Auswertung – zähle deine Punkte:

- a = 0 Punkte

- b = 1 Punkt

- c = 2 Punkte

- d = 3 Punkte

**Maximal erreichbare Punktzahl: 45**

---

**Deine Einschätzung:**

**0–12 Punkte: Du bist klar und bewusst.**
Du hast deine Nutzung im Griff – das Handy ist für dich ein Werkzeug, kein Rudelführer. Respekt!

**13–27 Punkte: Du bist in der Grauzone.**
Es fällt dir schwer, bewusst offline zu bleiben. Du spürst den Sog – und es lohnt sich, gegenzusteuern.

**28–45 Punkte: Du bist stark vernetzt – vielleicht zu stark.**
Viele deiner Entscheidungen entstehen digital – statt aus dir selbst. Jetzt ist der Moment für einen Reset.